Los trucos de los ricos

Empresa y Talento

Juan Haro

Los trucos de los ricos (volumen 1)

92 trucos para multiplicar tu dinero, proteger tu patrimonio y reducir tus impuestos legalmente

DEUSTO

Deusto, un sello editorial de Centro Libros PAPF, S. L. U.
Avda. Diagonal, 662-664, 08034 Barcelona (España)
www.edicionesdeusto.com
www.planetadelibros.com

Diseño de la cubierta: Booket / Área Editorial Grupo Planeta
Imágenes de la cubierta: Shutterstock
Primera edición en Colección Booket: junio de 2025
Segunda impresión: marzo de 2026
Tercera impresión: septiembre de 2026

Depósito legal: B. 8.581-2025
ISBN: 978-84-234-3921-8
Impreso en España

Biografía

Juan Haro Ordóñez es empresario, inversor inmobiliario y conferenciante. Es experto en liderazgo, ventas, negociación, dirección de equipos, motivación, creación de nuevos negocios, e inversión y finanzas. Desde 1992 ha fundado varias empresas e impartido decenas de conferencias y cursos en España. Es fundador y director ejecutivo de La Escuela de Inversión, en la que enseña a invertir y a manejar el dinero para que crezca y esté protegido. También es fundador del Club de Inversores en Inmuebles y cofundador de Traders International, Buscaliza, Go Global Online y People Training. Compagina su labor como inversor en inmuebles desde 1996 con entrenamientos a medida para enseñar a los principiantes cómo invertir. Asiduo de los medios de comunicación, las conferencias de Juan Haro en YouTube tienen miles de visualizaciones. En Deusto ha publicado la trilogía de *Los trucos de los ricos* (2019, 2022, 2024), cuyos dos primeros volúmenes consiguieron un gran éxito de ventas y suman más de 30.000 ejemplares vendidos.

www.juanharo.com

@juanharo

Sumario

Prólogo

De vez en cuando la vida te hace un regalo pequeño. En ocasiones contadas, te hace uno relativamente grande. Y unas pocas, la vida te da un regalo colosal, tan inmenso que cualquier intento de agradecerlo con palabras se queda corto. Eso es lo que representa Juan Haro para mí: un regalo de la vida que no se puede describir con palabras. Sigue leyendo y lo entenderás.

Lamentablemente, vivimos en una sociedad que considera muy a menudo que el dinero es sucio. Esto es una creencia tremendamente limitante, y tanto a la sociedad en general como a cada una de las personas que la componen, les vendría bien reconocerla para luchar contra ella y, en última instancia, conquistarla. Yo padecí esa «enfermedad» durante mucho tiempo, igual que tantísimos otros, hasta que un día me di cuenta del error tan grande que estaba cometiendo. Si ves el dinero como sucio, entonces habrás dado el primer paso para que éste no llegue a tu vida, o al menos no de forma abundante. ¿Cuándo me curé? Cuando dejé de ver el dinero como sinónimo de lujo (lo cual, por supuesto, tampoco tiene nada de sucio) y empecé a verlo como un posibilitador.

Una de las misiones más virtuosas que se puede tener en esta vida es la de querer dejar una enorme huella en este mundo, no por reconocimiento, ni siquiera por realización personal, sino por algo infinitamente más poderoso: porque crees en ello y quieres fervientemente dejar un mundo mejor que el que te encontraste. Yo, por supuesto, tenía y sigo teniendo esa misión. Lo que, lamentablemente, tardé muchos años en reconocer es lo que te detallo a continuación: se puede dejar una bonita huella en el mundo tanto con dinero, como sin él. La diferencia está en que con dinero puede ser una huella infinitamente más grande. Ése es el poder del dinero, posibilita la creación de proyectos, iniciativas, asociaciones, ONG que suman y nos permiten dejar un mundo mejor para nuestros hijos. Pero, todo ello requiere de dinero, y cuando la gente lo ve como algo negativo y sin darse cuenta lo repele, no es consciente de que está repeliendo también todos los preciosos proyectos que en caso contrario podrían haber visto la luz, incluso quizás liderados por ellos mismos. Éste es el motivo por el que ver el dinero como algo diferente de un enorme posibilitador es algo de lo que tenemos que curar a nuestra sociedad.

¿Cómo encaja todo esto con el primer párrafo? Cuando cualquier persona que no esté curada de sus creencias limitantes con respecto al dinero se encuentre un libro con el título *Los trucos de los ricos*, inevitablemente tendrá mayor tendencia a dar rienda suelta a sus prejuicios y hacerse su propia idea del autor: «Me pregunto si será una persona avara, interesada, egoísta, con el único objetivo de amasar dinero y poder». Tengo dos cosas que decirte con respecto a esos prejuicios. La primera es que, por mi trabajo, he tenido que tratar con gente extremadamente poderosa y acaudalada, y te sorprenderá mi conclusión: no me he encontrado a prácticamente ninguna que responda a la descripción anterior. Y la segunda, si hay alguien cuya forma de ser es diametralmente opuesta a esa teoría de prejuicios, ése es Juan Haro.

He vivido en tres continentes diferentes. He dado conferencias en cinco. He conocido no a miles, sino a decenas de miles de personas. Y creo, que no es desacertado afirmar que nunca me he encontrado a nadie más generoso que Juan Haro. Si has llegado hasta esta página con un prejuicio sobre el autor, te invito a que le des la vuelta y, aun haciéndolo, sé que te quedarás corto con respecto a la talla humana de esta persona. Podría decirse que es «un corazón con patas», realmente es puro amor. E, incluso, me atrevería a decir que uno de los motivos por los que le ha ido tan bien en la vida es precisamente porque no hace las cosas desde la avaricia, sino desde la generosidad. Tiene un lema que es: si tú te preocupas por poder dar, el universo se preocupa de que tú puedas recibir. Es la típica persona a la que no puedes hacer un favor sin que te lo devuelva por diez y, con ello, te genere un endeudamiento. Un endeudamiento que, por supuesto, nunca le podrás devolver. Yo llevo desde que le conozco intentando devolver sus grandes gestos y ya he desistido en el intento. Su generosidad siempre supera la mía.

El motivo por el que es importante incluir todo esto en el prólogo es porque, aunque ésta sea quizás la parte que menos trascienda al leer *Los trucos de los ricos*, yo te pediría que la tuvieses en cuenta, ya que si lees los trucos con un prejuicio negativo del autor, los verás de una manera, pero si los lees reconociendo la pluma dirigida por un ser lleno de luz, el cual tiene un nivel de éxito interior que le permite elegir la generosidad cuando podría elegir la avaricia y el interés de otros cuando podría elegir sólo el suyo... los verás de una manera totalmente distinta.

Ojalá la vida te conceda a ti el regalo que me ha concedido a mí de poder conocer a un ser con una calidad humana tan alta. Juan Haro da conferencias por todo el país, así que confío en que esa oportunidad sí llegue pronto para ti. Sólo entonces podrás constatar que todas tus dudas sobre si es exagerado lo que he escrito sobre el autor son infundadas. Realmente no he exagerado, sino que en realidad me he quedado corto.

Tienes ante ti un libro que no es menos singular que su autor. Este libro te va a conceder tres ventajas principales:

La primera, es conocer secretos que al autor le ha llevado toda una vida descubrir y que ahora estás a tan sólo unas páginas de hacer tuyos. En unos casos estos secretos van a ahorrarte mucho dinero en pérdidas; en otros, van a reportarte grandes beneficios en ganancias. Pero, en ambos agradecerás haberlos descubierto.

Es sorprendente cuántas decisiones ganadoras estaban a tan sólo un aprendizaje de distancia.

Aquí te encontrarás 92.

La segunda, es revolucionar tu forma de pensar con respecto al dinero, tanto en lo tocante a aumentarlo, como en lo tocante a no reducirlo. Cuando descubres un truco o conocimiento que te produce una alteración en tu forma de pensar, es como si moldeases físicamente la forma de tu cerebro, y ese ajuste, a partir de ahora te hará tomar decisiones que antes no tomabas para obtener resultados que antes no obtenías.

Y la tercera, es la posibilidad de entender de forma muy simple conceptos que, de otro modo, podrían haberte resultado relativamente complejos. Uno de los atributos que diferencia a los autores brillantes de los buenos es su capacidad para hacer fácil lo difícil. *Los trucos de los ricos* simplifica el entendimiento con una brillantez exquisita.

Complicar es fácil. Simplificar es dificilísimo.

En este prólogo he hecho dos afirmaciones: la primera sobre el autor y la segunda sobre la obra. Dado que en ambas he sido categórico, es posible que te hayan surgido dudas, pero no tienes de qué preocuparte, en ambas hablo con conocimiento de causa. No sólo he constatado la talla humana del autor, sino también la eficacia de su conocimiento. En su día yo también me puse en las manos de Juan Haro, poniendo en práctica muchos de los trucos que estás a punto de descubrir, y... mi vida económica también se revolucionó, igual que está a punto de hacerlo la tuya. Por supuesto, para bien.

Prepárate, porque quizás sea uno de los viajes literarios más excitantes y beneficiosos para tu vida.

ANXO PÉREZ
@anxo
Autor de *Los 88 Peldaños del Éxito*
y creador de 8Belts.com

Introducción

Me apasionan las minorías, los caminos poco transitados

Llevo tiempo pensando en lo paradójico que resulta que los ricos sean una minoría, ya que tienen lo que la mayoría de la población anhela. Siempre me han producido curiosidad y fue ésta, unida a la necesidad, lo que me impulsó a investigar sus vidas para descubrir no sólo qué trucos utilizan, sino también cómo protegen su dinero y su patrimonio, y cuánto hay de cierto en los estereotipos que los retratan. Sin duda, al haber elegido este libro tú también pasas a formar parte de una minoría muy especial. ¡Enhorabuena!

En este libro hay invertido mucho esfuerzo, tiempo y dinero para lograr reunir todas las enseñanzas que sostienes ahora mismo en tus manos: si las pones en práctica de manera adecuada, pueden llegar a cambiar tu existencia y ayudarte a conseguir los objetivos que te propongas. Recuerda que la vida es corta y sería un error no aprovecharla.

Lo primero que debe quedarte claro es que **el tiempo y el dinero son recursos que, bien administrados, pueden garantizarte el éxito hasta el último de tus días.** Debes entender también, eso sí, que este término no siempre significa lo mismo para todo el mundo. En mi caso, por ejemplo, tener éxito es poder dedicarme a aquello que me apasiona.

Por el contrario, si no sabes gestionar tu tiempo y tu dinero caerás en la rutina. Esta palabra puede convertirse en tu peor enemiga, pues día a día adormece tus sueños hasta obligarte a plegar tus alas y a conformarte con la vida que ya tienes. Por suerte, ya has dado el primer paso para librarte de ella: todo el conocimiento que adquirirás gracias a este libro te abrirá las puertas a nuevas posibilidades. ¡Que así sea! Bienvenido a esta aventura, querido lector.

Siempre que imparto alguna conferencia o curso voy acompañado de un águila. No te asustes, no es un águila de verdad, sino una figura. Se la muestro a todos los asistentes para que entiendan que todo lo que les cuento tiene un objetivo: que puedan volar tan alto como lo hace esta ave; volar sin cadenas, ataduras o creencias que los limiten. El fin de este libro no es otro que ése: que te liberes, que te hagas preguntas a ti mismo, que te diferencies del rebaño y cuestiones la forma en la que vives y cuáles son los miedos que te mantienen atrapado.

Sé que no es fácil liberar la mente de prejuicios y creencias; todos estamos contaminados por las noticias, las opiniones ajenas e incluso las propias. Lo que hemos vivido, nuestras experiencias, aquello que vemos a diario en la televisión y lo que escuchamos en nuestro entorno influye en la manera en la que percibimos la realidad. Existe, por tanto, una gran dificultad para adquirir nueva información pues debemos superar demasiados filtros, pero, sin embargo, es necesario que lo hagamos. Déjame ponerte un ejemplo:

En mis cursos de formación siempre les digo a los asistentes: '¡NN y NC!', esto quiere decir que ni me nieguen ni me crean. Y te preguntarás: pero si no te niego y no te creo... ¿qué debo hacer? ¡Pues experimentar! Debes deshacerte de las etiquetas y los prejuicios, y lanzarte a la piscina. Conviértete en investigador: haz preguntas y analiza las respuestas para conseguir sacar tus propias conclusiones. Estoy seguro de que te sorprenderás.

Por ejemplo, uno de los héroes que siempre me acompaña es el gran Forrest Gump. La razón por la que lo admiro tanto es porque en su camino no escucha las críticas ni se deja limitar por la percepción que tienen de él quienes lo rodean, sino que pone todo su empeño y, gracias a ello, consigue cosas impresionantes. Además, es una persona paciente, amable y respetuosa; no se queja, acepta el presente y, sobre todo, concentra sus energías en una sola tarea. Por eso obtiene tanto éxito en todo lo que emprende: porque pregunta, experimenta y ama la vida. Para mí es todo un maestro.

> **«Mamá dice que la vida es como una caja de bombones, nunca sabes el que te va a tocar.»**
>
> **FORREST GUMP**

Recuerda que todo lo que voy a contarte es fruto de mi experiencia y de los cientos de casos que he visto como director de La Escuela de Inversión, así como de los muchos secretos que he ido descubriendo a lo largo de mi trayectoria. Lo que busco con este libro es conseguir que seas más libre, que encuentres los trucos que más se amolden a ti y a tu situación y los uses en tu provecho. Quédate con esta frase: **«Hoy día todo el mundo quiere tu dinero».**

Voy a ponerte un ejemplo. Déjame presentarte a Luis y a Miguel:

Luis no tiene trabajo, vive en un piso de alquiler e intenta salir adelante con unos pequeños ahorros. Ha heredado una casa en la playa, pero no la pone a su nombre porque conoce los trucos de los ricos y sabe que puede ahorrar dinero de esta manera. De repente, le llega una sanción por parte de Hacienda cuya suma triplica el dinero del que dispone en su cuenta de ahorro. Sin embargo, vuelve a aplicar uno de los trucos que conoce y gracias a eso consigue mantener su vivienda. Por otra parte, Miguel se encuentra en la misma situación que Luis, pero no conoce las mismas estrategias que él. Por esta razón, cuando le llega una multa no sabe cómo reaccionar y la casa de verano que heredó acaba siendo embargada. Amparados por las mismas leyes, y con las mismas circunstancias, **uno vive mejor que el otro porque sabe qué recursos necesita.**

#LosTrucosDeLosRicos

La diferencia entre vivir con miedo o sin miedo está en conocer los trucos de los ricos.

@juanharo

Tus ahorros y tu patrimonio son el fruto de incontables horas de trabajo. Es normal entonces que quieras aprender a protegerlo eficazmente, hacerlo anónimo y volverte invisible, preguntándote de qué manera actuaría un rico. En la web del libro encontrarás más información y recursos que te ayudarán.

Por supuesto, todo esto es posible hacerlo de forma legal. La idea es que te conviertas en parte de esa minoría que conoce los recursos y herramientas necesarios para proteger sus bienes, y la clave está en que lo hagas siempre de manera que la ley juegue a tu favor. No pienses que es necesario que te vuelvas un pirata o que hagas algo que pueda complicarte la vida.

Se me viene a la cabeza otro caso, el de Pilar y Andrés: Pilar perdió su trabajo y, debido a esto, no pudo seguir afrontando los pagos de su hipoteca. Intentó negociar con su banco, pero finalmente no logró encontrar una solución. Sólo le quedaban tres años para terminar de pagar la casa y el miedo a perder todo lo que tiene va en aumento a medida que llegan las cartas del juzgado. La historia de Andrés es distinta, a pesar de enfrentarse a la misma situación y, ¿sabes cuál es el motivo? Que él sí conoce los trucos de los ricos. Los pone en práctica y consigue así que el banco reduzca la cuota a un tercio de lo que era inicialmente. Gracias a eso puede respirar tranquilo.

PRIMERA CONSIDERACIÓN: Debes estar enfocado

No olvides que todo lo que has conseguido lo hiciste porque tenías un gran deseo. Aquello en lo que fijas tus ojos, por lo que das tus pasos y a lo que te entregas con pasión es lo que denominamos **foco**.

No puedes poner en práctica estos trucos si piensas que aquello que persigues es imposible. Nada que hayas logrado lo conseguiste pensando así, sino siguiendo la máxima «lo quiero y voy a por ello». **Ésta es la fórmula de cualquier logro:**

$$L = F + E + D + DET$$

L = Logro

F = Foco

E = Emoción

D = Deseo

Det = Determinación

A lo largo del libro encontrarás algunas historias que te invitan a extraer un aprendizaje. Aquí va la primera:

Un profesor universitario les dice a sus alumnos que van a enfrentarse a un examen sorpresa. Los anima a coger un folio en blanco, pidiéndoles que dibujen un punto negro en el centro. «Ahora escriban una redacción sobre lo que ven», les pide. Los estudiantes se dejan llevar por su creatividad, reflexionando sobre la cima de una montaña, la belleza de una estrella y hasta describiendo la grandeza de una simple mancha.

Cuando terminan, el maestro les pregunta por sus impresiones. Tras un acalorado debate, sentencia: «A todos les voy a dar un sobresaliente, pero al joven de la última fila le voy a dar la matrícula de honor por haber visualizado toda la hoja, no sólo el punto negro». Con todos los asistentes en silencio, continúa así: «En la vida, como en este examen, perderán mucha visión si sólo se centran en lo evidente. Vieron el punto negro, pero olvidaron el manto blanco que lo envuelve».

La moraleja que se extrae de esta historia es que debes tener cuidado con lo que parece evidente, porque ahí se encuentra la respuesta al problema.

#LosTrucosDeLosRicos

Hay muchas más soluciones a tus problemas de las que te parecen evidentes. Si buscas, encontrarás.

@juanharo

SEGUNDA CONSIDERACIÓN: ¿Para qué necesitas conocer los trucos de los ricos? ¿Por qué proteger tu dinero y patrimonio?

Hoy trabajamos más y ganamos mucho menos que hace diez años. Un estudio de la compañía de recursos humanos Adecco asegura que un 72 por ciento de los trabajadores piensa que no recibe una remuneración justa y que prevalecen diferencias significativas en función de la edad y el sexo. Un 51 por ciento de las empresas reconoce haber congelado los sueldos y casi un 23 por ciento los ha bajado. El 61,5 por ciento de firmas piensa que en el año 2020 aún no se habrá recuperado el nivel salarial previo a la crisis. Por último, el salario medio de España ha subido, entre los años 2000 y 2016 un triste 5,8 por ciento. Esta realidad demuestra que es importante conservar nuestro patrimonio. Y eso es algo que podemos hacer haciendo uso de los trucos de los ricos para evitar caer en las redes de un sistema feroz que sería el punto negro del que hablábamos, con unos intereses opuestos a los nuestros.[1]

El precio a pagar son miles de horas de trabajo que no dejarán más que cansancio y una pensión que el sistema aniquilará con leyes que irá creando a su antojo. He visto caer desde muy alto a todo tipo de personas y perder todo lo que habían logrado en mucho tiempo al no saber utilizar las herramientas de los ricos para proteger su dinero y su patrimonio. Recuerda que el sistema no ve personas, sino números.

A pesar de pagar impuestos y de cumplir nuestras obligaciones, las personas estamos expuestas a los cambios del sistema y

1. <http://composi.info/paper-en-qu-se-emple-el-dinero-pblico-durante-la-crisis-2007-2.html?page=11>.

podemos perder todo nuestro dinero de forma provocada o accidental. Esto quiere decir que, si no proteges lo que te pertenece, las leyes pueden arrebatártelo. Además, ten en cuenta que lo que hoy es válido mañana no lo será. La legislación no deja de cambiar.

TERCERA CONSIDERACIÓN: Utiliza la tabla de Riesgo

La Tabla de Riesgo nos permite analizar cómo de expuestos estamos a perder nuestro capital y nuestro patrimonio mediante una numeración del uno al diez, donde el dígito más alto supone la seguridad absoluta. A una puntuación mayor, mayor tranquilidad. Entre el uno y el cuatro, hablaríamos de una protección baja, lo que indicaría una situación de riesgo. Lo recomendable es permanecer por encima del siete.

Tener una cuenta bancaria a nuestro nombre nos sitúa entre el punto uno y el tres mientras que comprar acciones de compañías nos situaría entre el ocho y el diez, siempre que lo hagas a nombre de una empresa propia. Tener una cuenta en Alemania te hará moverte entre los números siete y ocho; una nómina nos situará en el dos; adquirir una obra de arte nos elevará al nueve y, por último, algo tan habitual como tener una vivienda propia nos reducirá a un dos o un tres. **Tú eliges con tus acciones el nivel de seguridad que deseas.** Si compras un inmueble y lo escrituras a nombre de una empresa que no has creado tú, te situarás en los niveles de seguridad más altos.

El riesgo proviene de la facilidad que tienen algunas personas para arrebatártelo. Si algo es fácil de conseguir, será aún más apetecible quitártelo, pero si es difícil de encontrar, tendrás más posibilidades de que no te embarguen. No hacer nada tiene más riesgo que regirse por la escala de seguridad propuesta. Si te dejas llevar y no actúas, navegarás como un barco a la deriva. No hacer nada es limitarse a ser un espectador del juego. Es vital que tomes decisiones en vez de esperar a que las cosas sucedan.

#LosTrucosDeLosRicos

Actuar en lugar de quejarte marcará la diferencia. En la vida tú escoges ser jugador o espectador.

@juanharo

No es que no lo puedas lograr, es que aún no sabes cómo hacerlo. Todo en la vida son sistemas que fallan o funcionan con los que uno elige si conformarse o buscar una alternativa. He probado muchas compañías de gestión de recursos de multas hasta que conocí Dvuelta, una empresa gracias a la que llevo varios años sin tener que pagar ni una. **Hay que actuar, dar un paso al frente y confiar en aquellas compañías y personas que te permiten conseguir tus objetivos.**

Aplicar los trucos de los ricos supone preguntar mucho, conocer cómo pagar menos impuestos, qué rentabilidad te ofrece cobrar de una forma u otra y qué riesgos supone invertir. No tener estos conocimientos nos convierte en una hoja en medio del bosque que se mueve en función del viento.

Las leyes son ambiguas con el objetivo de que el ciudadano se asuste. Y así nos pasamos toda la vida, entre sanciones y un sistema que nos devora. Por mucho dinero que tengas en un banco, un simple acreedor, juicio o norma puede embargártelo. Llegados a esa situación debes actuar con inteligencia para recuperarlo.

#LosTrucosDeLosRicos

Los ricos saben cómo utilizar las leyes a su favor; los demás se ven atrapados por ellas.

@juanharo

CUARTA CONSIDERACIÓN: Tirar del hilo

En los cursos y conferencias que imparto explico esta teoría. Cuando algo te interesa, te centras en saber sobre ello. Si deseas comprarte un coche o una casa, rápidamente tirarás del hilo al preguntar y conocer cuanto esté a tu alcance.

Sin embargo, muchas personas se plantan porque a menudo cuesta pensar más allá del rebaño, dejando a un lado el camino habitual. También, porque creemos que es imposible hacerlo de otra manera. Nos paralizamos cuando lo importante es buscar información y hablar con quienes compartan tus inquietudes, valores y sentimientos. Acércate a aquellos que quieran trascender como tú, necesitas hacerlo para ser como el águila que vuela en libertad y para decidir en base a tus creencias. Alza tus alas y sé libre a la hora de tomar decisiones, sabiendo las posibles consecuencias. No te conformes.

#LosTrucosDeLosRicos

Los ricos no dicen «es lo que hay», simplemente van a por lo que quieren y aspiran, aunque conlleve caminar más, o suponga dar un rodeo

@juanharo

Si estás preparado, es el momento de comenzar con la lista de 92 trucos que utilizan los ricos para mejorar su calidad de vida. **Y recuerda: escoge los que mejor se adapten a ti.** Recuerda que en la web del libro encontrarás mucho más material extra: <Lostrucosdelosricos.com>

Truco 1

No ponen a su nombre activos ni propiedades

El decimosexto presidente de Estados Unidos, Abraham Lincoln, tuvo una vida llena de fracasos. Sin embargo, cuentan que su éxito posterior se debe a una frase que le dijo su madre al borde de la muerte: «¡Hijo mío, sé alguien!». De esa forma, Lincoln se llenó de fuerzas para salir adelante. Trascender es algo con lo que sueñan muchas personas.

Existen dos grupos de ricos. Por un lado, están los que viven de todo lo que les han dejado sus familiares o de un golpe de suerte en la lotería y por otro lado, los desconocidos que se han hecho a sí mismos y que han tenido que cuidar de sus activos, su patrimonio y sus negocios. Estas últimas son personas que quieren dejar un legado, resolver problemas, construir activos y mejorar el mundo. Gracias a su pasión, el dinero llega a sus manos.

Los ricos saben que el sistema intentará quitarles su dinero y su patrimonio. Y ésta es la razón por la que evitan poner a su nombre activos y propiedades. **Un activo es todo aquello que suma, lo que puedes vender:** son tus derechos, las acciones empresariales y el dinero que te deben. Es lo que tiene valor, aunque no se pueda tocar. Si lo puedes intercambiar por dinero es un activo.

Los ricos protegen su patrimonio a través de empresas o sociedades que controlan. Evitan poner su casa, un cuadro valioso o un coche deportivo a nombre de una persona física, decantándose siempre por una empresa o sociedad. De esta forma, logran que no se sepa fácilmente de quién es cada propiedad. Así, a la hora de embargar existen responsabilidades limitadas y más opciones para evitar que te lo arrebaten.

Si ya tienes una casa registrada a tu nombre o quieres pasar la de algún familiar a nombre de una sociedad, hay que seguir cinco pasos básicos:

1. Adquiere una empresa inactiva (ve directamente al truco 11).
2. Busca un notario, una vez que acudas al Registro Mercantil, y llévale las escrituras de ambos activos (las de tu empresa y las de tu casa) para explicar que deseas realizar una ampliación de capital.
3. Pasa la casa a la empresa, cambia la titularidad de la vivienda y regístrala a nombre de la misma compañía como ampliación de capital.
4. Inscribe en el Registro de la Propiedad dicho cambio a nombre de la sociedad inactiva
5. Por último, paga un uno por ciento de impuesto por ese trámite (más el coste del notario y la inscripción registral).

Esto es válido incluso si tu casa tiene hipoteca. El proceso no te exime de pagar las cuotas a tu banco pero te volverá más invisible frente a quienes estén pensando en quitarte tus bienes.

Los ricos se quitan activos a su nombre y los ponen a nombre de sociedades. Es como un puzle que comprenderás según vayas leyendo los siguientes trucos. Acabo con una frase de Albert Einstein: «La vida es muy peligrosa. No por las personas que hacen el mal, sino por las personas que se sientan a ver lo que pasa». No basta con observar lo que sucede, debemos cambiar aquello que nos aleja de nuestros intereses.

#LosTrucosDeLosRicos

El anonimato y la privacidad son palabras sagradas para los ricos porque les permite vivir con menos estrés.

@juanharo

Truco 2

ITP Reducido – Casa o coche para desgravar el ciento por ciento como gasto

(Las cláusulas legales que les benefician)

Las cosas no son blancas o negras: todo depende del cristal con el que se mire. La opción más inteligente es la de usar las leyes a nuestro favor como hacen los ricos, que ven las situaciones como juegos en los que unos ganan y otros pierden. Ahora, ha llegado el momento de hablar del ITP reducido, un método para ahorrarse miles de euros en transacciones inmobiliarias: el ITP es el Impuesto de Transmisiones Patrimoniales, que se aplica en las operaciones de transmisión de patrimonio o bienes entre particulares y empresas. Cada comunidad tiene el suyo.

La base imponible del ITP es el valor del bien transmitido o del derecho constituido, y sobre ella se calcula la cuota tributaria a pagar, que depende de la Comunidad donde se aplique el impuesto. Supongamos que vendemos una casa en Madrid. El precio acordado es de cien mil euros y el impuesto ITP sería del 6 por ciento, es decir, de seis mil euros.

Algunas Comunidades Autónomas aplican un tipo de gravamen reducido para el Impuesto de Transmisiones Patrimoniales en aquellos casos de compra de viviendas usadas que se revenden al poco tiempo, o aquellas que se van a dedicar al alquiler como actividad profesional. En el caso de Madrid, en lugar de pagar un 6 por ciento, se habla de un 2 por ciento, lo que supone un ahorro de cuatro mil euros.

Imagina las decenas de miles de euros que se logran ahorrar en la compra de un edificio. Sin embargo, la mayoría de personas no conoce este truco ni otros tantos que son utilizados para minimizar los impuestos.

Ya lo decía Abraham Lincoln: «El conocimiento es la mejor inversión que se puede hacer». Un simple ahorro de tres mil euros puede cambiarnos la vida. Por este motivo es conveniente poner en práctica el truco del ITP reducido cuando vayas a comprar un vehículo o una vivienda. El resultado merece la pena.

#LosTrucosDeLosRricos

El ahorro fiscal sirve para que el rico pague menos, mientras que el pobre paga más al no conocer las leyes.

@juanharo

Recordemos lo que decía el escritor, empresario y formador estadounidense Robert Kiyosaki: «El miedo a ser diferente hace que mucha gente no busque nuevas vías para resolver sus problemas». A lo largo de la vida te encontrarás con asesores y abogados que te aportarán soluciones usando sus conocimientos limitados. Un mismo problema tiene diferentes soluciones legales y si buscas, encontrarás distintas alternativas.

Una de las obsesiones de los ricos es intentar minimizar el pago de impuestos para poder obtener más beneficios. Como decían en la famosa serie *Expediente X*, la verdad está ahí fuera. Y así es, la respuesta está cerca de ti pero no te quedes con la primera solución que te aporte tu gestor de confianza.

Imaginemos que deseas meter tu casa como gasto de una sociedad al usarla para trabajar. La mayoría de gestores te dirán que, con la ley en la mano, sólo puedes deducirte el 50 por ciento porque también usas tu domicilio para vivir. A simple vista parece que no hay otro camino, pero de repente aparece otra vía para poder deducirte el ciento por ciento. Para ello sólo tienes que empadronarte en otra vivienda y al hacerlo podrás desgravarte como gasto el ciento por ciento. Esto supondrá miles de euros de ahorro anuales.

#LosTrucosDeLosRicos

Los ricos buscan caminos para llegar a su destino: la mejor calidad de vida para sí mismos y para los suyos. Para ello se benefician del conocimiento de las leyes y la normativa actual.

@juanharo

Truco 3

La invisibilidad (de uno a diez)

(Nivel medio alto de invisibilidad)

En Chicago, un multimillonario llamado Mr. Rich daba una gran fiesta para celebrar que había alcanzado los diez mil millones de dólares en su cuenta bancaria. Iba pavoneándose frente a todos los invitados hasta que se encontró con un desconocido en un pasillo al que fue a saludar: «Perdone, no recuerdo haberle invitado». El joven contestó amablemente: «Fue su mujer quien me invitó. Nos conocemos desde hace dos años». «¡Estupendo! ¿Y a qué se dedica para ganarse la vida?», preguntó el millonario. «Soy periodista y he escrito un libro hace unos meses. No puedo comparar mis éxitos con los suyos», siguió el hombre. Mr. Rich sonrió y se puso aún más recto al escuchar cómo le admiraban. Se disponía a despedirse cuando el escritor de manera enigmática le dijo: «Sin embargo, hay algo que yo poseo y que usted nunca tendrá». «¿Cómo dice?», exclamó contrariado Mr. Rich. «Usted nunca tendrá suficiente», concluyó el periodista.

Alguien como Mr. Rich siempre querrá más. La relación de esta historia con el truco de la invisibilidad es el deseo de permanecer en el anonimato frente a la forma que tienen de exhibir su fortuna unos pocos.

Quizá te preguntes por qué alguien desearía ser invisible.

Los ricos desean proteger sus bienes y su patrimonio y qué mejor forma de conseguirlo que haciéndose invisible. Para ello utilizan *pantallas*, empresas que gestionan y que no figuran en el Registro Mercantil, así como cuentas bancarias que no están a su nombre. Entre otras formas de pasar desapercibidos, aparecen como autorizados para evitar ser embargados.

Guardando la coherencia entre el estilo de vida y los ingresos que declaran se evitan problemas con el fisco; también, conduciendo coches que no están a nuestro nombre o viviendo en casas cuya propiedad es de terceros, aunque seamos nosotros los dueños reales. Otra ventaja de la invisibilidad es que si el rico tuviese un problema judicial podría jugar el papel de víctima, porque parecerá que no dispone de propiedades y que tiene pocos ahorros cuando la realidad es distinta.

La invisibilidad te llena los pulmones de aire, permitiéndote esconder tus bienes para alejarlos de las garras de terceros. Mientras que la mayoría de personas presume de lo que tiene, el rico se limita a disfrutar. No importa que parezca que algo no sea suyo mientras pueda utilizarlo. Ser invisible les permitirá dormir más tranquilos y contar con más armas a la hora de negociar cualquier sanción. Es más fácil negociar si parece que no tienes nada que si muestras todos tus activos, bienes y patrimonio. En la vida no necesitas mostrar todo lo que tienes. El rico conoce cómo hacerlo, apoyándose en figuras jurídicas y leyes.

El **nivel alto de invisibilidad** es propio de quien decide vivir a nombre de terceros sin tener nada a su nombre, con una estructura fiscal ficticia pero creíble, ya sea mediante un contrato de alquiler o ingresos por operaciones puntuales en sociedades de otros países.

El **nivel bajo** acoge a quienes protegen una pequeña parte de su patrimonio, dejando el resto expuesto. Por ejemplo, un 20 por ciento de sus ahorros los tienen a nombre de una sociedad en la que no aparecen, mientras que lo demás lo guardan en el banco.

El **nivel medio** define a quienes se equilibran entre los niveles anteriores. La persona que lo tiene todo a su nombre cuenta con nula invisibilidad.

Si deseas utilizar este truco, sigue estos pasos:

Paso 1. Establece una razón para querer ser invisible. Escríbela y razónala. Puede ser el ahorro de impuestos o el temor a un embargo.

Paso 2. Decántate por un porcentaje o nivel de invisibilidad según tus motivos. Alto sería un 80 por ciento de tu patrimonio, medio en torno al 50 y bajo sobre un 25.

Paso 3. Debes extraer el porcentaje anterior del total de tu patrimonio. Por ejemplo, si tienes 120.000 euros, además dos viviendas, y deseas ser invisible al 50 por ciento, tendrás que mover sesenta mil euros y una vivienda a una sociedad que tú no hayas creado, haciendo una aportación de capital.

Paso 4. Habla con tu asesor fiscal para estudiar la mejor manera de mover dicho patrimonio. Incluso surgirán opciones como la donación o cesión a empresas, clubs de inversión....

Paso 5. Una vez desplazado el patrimonio, así como tus fuentes de ingresos, empieza a hacer que los nuevos recursos vayan directamente a la invisibilidad sin ponerlos a tu nombre.

Dedica tiempo a construir tu personaje y diseña tu vida como los ricos. Recuerda lo que decía el gran inversor Warren Buffett: «El riesgo viene de no saber qué estás haciendo».

#LosTrucosDeLosRicos

Hoy día no hace falta una capa para ser invisible;
si no te comportas como los demás ya lo eres.
Un rico ama la invisibilidad.

@juanharo

Truco 4

Miman su privacidad

Ya lo decía el exdirector del FBI, James Comey: «Tapa tu *webcam* con cinta adhesiva, yo lo hago y te recomiendo que hagas lo mismo». ¿Cuánta de nuestra información permanece expuesta? Vivimos en un mundo enganchado a la tecnología. Parece maravilloso conectarse con el otro lado del mundo, disponer de datos infinitos y llegar a millones de personas al instante, pero lo cierto es que la información puede volverse en tu contra.

Cada año crecen las inspecciones, sanciones y embargos, así como las leyes y el control por parte de Gobiernos, bancos, Hacienda y Seguridad Social. Lo quieren saben todo de ti, porque quien tiene la información también tiene el control. Si eres de los piensan que cada documento tiene que estar firmado por ti, tu nivel de privacidad es bajo. A los ricos no les interesa estar en primera fila; no presumen de lo que tienen en las redes sociales y guardan su información de forma celosa para que los demás sepan lo menos posible de sus actividades e inversiones.

Una de las razones para mimar la privacidad es la exención de responsabilidades, es decir, poder minimizar los daños si se llegan a producir. **Un rico se caracteriza por haber estudiado diferentes escenarios: los más optimistas y los más pesimistas.** Si da mucha información estará expuesto a multitud de reclamaciones mientras que, si cuida su privacidad y utiliza otros trucos, la situación será diferente.

El problema aparece cuando uno no protege su información y cuenta en la red todo lo que tiene, lo que hace y cuántas empresas dirige. No se trata de mentir, sino de proteger tus bienes contando lo justo. Un claro ejemplo lo tenemos con Hacienda, que hace años aseguró que iba a investigar a aquellas personas que aparecían en las redes con coches de lujo. El objetivo era confirmar que existía una relación coherente entre el vehículo y la Declaración de la Renta. La gente sabe más de ti de lo que crees, y todo porque publicamos continuamente nuestra información.

Mostramos nuestros lugares de vacaciones y lo que compramos, buscamos el reconocimiento para inflar el ego y, sin embargo, puede ocurrir que a través de esta exposición salgamos perjudicados. Cultiva tu círculo y no dejes entrar a extraños.

Si quieres mantener tu privacidad, te recomiendo que pongas en práctica estas ocho sugerencias:

1. **Recuerda que no sabes quién observa la información** que das por WhatsApp, en redes sociales, por teléfono o en un simple correo electrónico. Todo lo que envías puede ser escuchado o leído por personas bienintencionadas... o no. Pueden usar esa información en perjuicio tuyo. Por tanto, selecciona lo que compartes.
2. **No digas nada por teléfono que pueda considerarse ilegal.** Si hablas de dinero ten mucho cuidado porque, aunque tú no seas la persona investigada, pueden estar controlando a tu interlocutor y convertirte en cómplice.
3. **La presunción de inocencia es un principio penal que establece la inocencia del individuo como regla.** Solamente a través de un proceso en el que se demuestre la culpabilidad de la persona podrá el Estado aplicar una pena o sanción. Pero este principio ha pasado a la historia y hoy día debes demostrar tu inocencia para evitar ser acusado de delitos que no has cometido. Cuidado con lo que dices y compartes.

4. **No muestres en público el dinero que ganas, los coches que conduces o a donde viajas.** Podrían pedirte explicaciones.
5. **Si no conoces a alguien, intenta dar la menor información posible. No se trata de ser paranoico, sino de protegerte.** Podrían estar grabando todo lo que dices y utilizarlo en tu contra.
6. **No pienses que por tener el teléfono apagado o en modo avión no pueden escucharte, grabar tus conversaciones o encender la cámara de tu móvil u ordenador.** Pueden estar escuchando todo lo que dices o grabando a través de tu cámara.
7. **Si vas a contar información reservada, haz que firmen un acuerdo de confidencialidad.** Quizá no lo cumplan, pero entonces podrías demandarles.
8. **Sigue el principio «menos es más».** Comparte menos, pero de mayor calidad.

Las competencias que tienen hoy día muchos funcionarios o Cuerpos de Seguridad del Estado son inmensas y la tecnología puede jugar en contra de tus intereses. No alimentes al enemigo con pruebas que puedan ser manipuladas. Sé discreto y curioso.

#LosTrucosDeLosRicos

Puedes ser abierto, honesto y real, y a la vez comprender que no todo el mundo merece un asiento en la mesa de tu vida.

@juanharo

Truco 5

No facturan como autónomos

Hay un concepto que aprendí del gran comunicador, escritor y formador Sergio Fernández, que bauticé como «las ligas»; lo llamo así por las diferentes competiciones profesionales deportivas. La mayoría de personas empezamos nuestra carrera profesional buscando una nómina, algo que se asemeja a la Liga de Segunda División. Es un buen arranque en el que se instalan muchas personas. En esta liga reside la búsqueda de estabilidad, de seguridad y de apego a un puesto laboral.

Sin embargo, otros tantos quieren ascender a Primera División, formando parte de la liga de la facturación. Cuando llevas un tiempo entre nóminas, deseas subir el siguiente escalón y ser autónomo o tener una empresa que te permita facturar, prestar servicios o vender productos.

Cuando no te interesa ni tener nómina ni facturar, lo propio es tener un patrimonio para poder vivir de las rentas y de ingresos pasivos que llegan cada mes sin tener que invertir, para formar parte de ese 2 por ciento de la población que sabe lo que es sentir en primera persona la libertad financiera. Si llegas a este punto estás jugando en la Champions League.

Si hacemos un rango de edades para estas ligas, los jóvenes de veinte a treinta y cinco años estarían interesados en la de las nóminas, los adultos de treinta y cinco a cuarenta y cinco en la de la facturación y los mayores de cuarenta y cinco se decantarían por la liga del patrimonio. Es curioso, **parece que nos preocupa tener patrimonio cuando pasamos el ecuador de nuestra vida.** ¿Y por qué no empezar antes en vez de seguir un orden preestablecido?

Los ricos eliminan la liga de las nóminas y pasan directamente a las de facturación y patrimonio. Crean sistemas que les generen un flujo de efectivo constante con el que adquieren patrimonio. Acortan los tiempos. Aportan valor a la sociedad, solucionan problemas y enriquecen el entorno para enriquecerse ellos. Todos ganamos.

Hay dos objetivos que persiguen los ricos constantemente: proteger el patrimonio y minimizar los impuestos. Esto no es posible en el mundo del autónomo, porque no pueden asegurar todo lo que está a su nombre y porque tributan por todos sus ingresos, sin poder deducirse muchos de sus gastos. El truco consiste en formar parte de ligas distintas a las del autónomo: los ricos facturan a través de sociedades dentro y fuera de España.

Entre **los inconvenientes de facturar como autónomo** destacan que toda su actividad es visible, que responden ante cualquier sanción con su patrimonio, que pagan mayores impuestos y que cuentan con dificultades a la hora de acceder a fuentes de financiación, sin olvidarnos del pago mensual a la Seguridad Social y de la responsabilidad ilimitada.

Sin embargo, **quienes facturan a través de sociedades,** como los ricos, soportan menores impuestos, una responsabilidad limitada, el anonimato tras una sociedad, una mayor posibilidad de desgravación de gastos, la protección del patrimonio y múltiples fórmulas para obtener financiación. Además de poder poner su casa y su coche como gastos de empresa, la opción de cerrar el negocio mediante un concurso de acreedores evitará arrastrar las pérdidas de por vida, como le sucedería al autónomo. La posibilidad de tener diferentes sociedades, entre las que distribuir la facturación, aminora los riesgos de sanciones, siguiendo aquel refrán que recomendaba no poner todos los huevos en la misma cesta. No está de más recordar que la sociedad tiene un valor en el mercado, lo que facilita venderla con sus activos y pasivos para empezar de nuevo, duplicar el modelo de negocio o vendérselo a un interesado.

Deseo acabar invitándote a que veas una película que me cautivó hace unos años: *Nerve, un juego sin reglas*, de Henry Joost y Ariel Schulman. Vee es una joven estudiante que decide apuntarse a un juego online en el que la audiencia observa, vota y comenta. Al principio disfruta de la situación gracias a los premios que ofrece el juego y empieza a competir junto a un extraño con el que hace equipo, pero según evoluciona el juego, se ve envuelta en una peligrosa situación.

En la plataforma se elige ser jugador u observador, lo que me hizo pensar en el mundo de los ricos. El sistema te invita a que formes parte del primer grupo, a que emprendas, seas autónomo, montes tu empresa y crees un patrimonio del que acabarás siendo prisionero. Lo mismo que en la ficción. ¿Sabes quién logra escapar con éxito? Los ricos, porque saben los trucos y argucias legales necesarias.

Me encanta esta cita del doctor Gabriel Castellá: «El hombre sabio es un ser autónomo que hace de lo singular y lo original su signo de distinción. El hombre necio es un autómata que hace del estereotipo su prototipo».

#LosTrucosDeLosRicos

Un autónomo se expone continuamente a la ferocidad de cualquiera de los tres lobos: Hacienda, Seguridad Social y banca. Un rico se protege y oculta de sus afiladas garras.

@juanharo

Truco 6

Sociedades con acciones al portador

Siempre he creído en la libertad del ser humano. El conocimiento nos abre un mundo de posibilidades que nos permite ser más libres. Es importante saber cómo actúan los ricos para descubrir que existen alternativas y darnos cuenta de la hipocresía que impera en muchos países. **¿Conoces los diez territorios con mayor secreto bancario del mundo?** Son Suiza, Hong Kong, Estados Unidos, Singapur, Islas Caimán, Luxemburgo, Líbano, Alemania, Baréin y Emiratos Árabes Unidos.

Japón está en el número doce y Reino Unido en el quince de la lista. Si se contasen todos los centros financieros *offshore* que dependen de la Corona británica (como las Islas Caimán y las Islas Vírgenes) y hacen negocios con la City de Londres, Reino Unido tendría el mismo nivel de secreto financiero que Suiza. Estados Unidos se ubica en el tercer puesto, con lugares que tienen regulaciones que favorecen el secreto financiero como Delaware, Wyoming, Nevada y Arizona.

Alemania es la octava en la lista, careciendo de secreto pero con elementos que conspiran contra la transparencia de las operaciones financieras. Existe en Frankfurt un inmenso centro con estructuras corporativas como las empresas Treuhand (o fiduciarias); estas compañías dificultan la identificación del propietario del dinero enviado al exterior, favoreciendo el secreto de miles de firmas.

Muchos de estos territorios no están considerados paraísos fiscales. Incluso países de renombre persiguen la evasión de capitales y el impago de impuestos, aunque ellos mismos fomenten el secreto bancario para atraer fortunas de otros lugares. Una cosa es lo que cuentan los Gobiernos para amedrentar al ciudadano y otra muy distinta lo que hacen.

Los ricos conocen bien estos países, donde preservan su patrimonio y minimizan su carga fiscal. Otro de los trucos es el conocimiento de la existencia de empresas con acciones al portador. Las acciones al portador o *bearer shares* son un tipo de títulos libremente transferibles cuya sola posesión acredita la participación en una sociedad.

En las acciones nominativas o convencionales figura el nombre de su propietario, quien también está inscrito en el registro de socios de la compañía. Si se desea realizar una modificación en el accionariado será necesario endosar la acción y llevar a cabo un cambio en el registro. Para dar validez a la transacción es necesario realizar un trámite legal.

Por el contrario, en las acciones al portador o *bearer shares* no figura ningún nombre, reconociendo como propietaria a cualquier persona que las tenga en su poder. En caso de querer transferirlas a un tercero, basta con entregarle los títulos. No se realizan trámites ni cambios en el registro de la empresa, donde únicamente figura la cantidad de acciones al portador que se emitió al crear la sociedad y sus numeraciones, sin hacer ninguna referencia a sus propietarios. Se podría comparar con el funcionamiento de un cheque al portador, con el que cualquier persona que lo presente puede cobrar la cantidad que figura en él.

Los paraísos fiscales que aún permiten el anonimato de los propietarios de acciones al portador son las Islas Marshall, Panamá y la caribeña Isla Antigua. En estas jurisdicciones, las acciones al portador no deben ser depositadas en la sede de ningún agente autorizado, por lo que gozan de máxima confidencialidad, recibiendo el nombre de *true bearer shares*.

Otras jurisdicciones fiscales continúan permitiendo la emisión de acciones al portador, aunque tienen que ser custodiadas por un agente registrador autorizado. En las Islas Seychelles, los datos de los propietarios de las acciones al portador deben estar en el registro de accionistas y cualquier cambio debe ser notificado al agente.

A los bancos no les gustan estas acciones, siendo obligados por ley a conocer al propietario final de los fondos de la empresa. **Con las acciones al portador es difícil rastrear el cambio de propietario,** sin importar cuántas declaraciones hayan sido firmadas por los clientes. El resultado es que muchos bancos se niegan a abrir una cuenta a una empresa con acciones al portador, mientras que otros permiten hacerlo con la condición de que se pongan en el banco los certificados de acciones en custodia.

Veamos pros y contras de las sociedades con acciones al portador:

A favor:

- **Simplicidad y rapidez de transmisión.** Basta con entregar los títulos al comprador para que se produzca el cambio de propiedad.
- **Ahorro de costes.** No es necesario realizar ninguna gestión legal por el cambio de titularidad de las acciones, ni hace falta acudir a ningún notario o registro. Permiten evitar el Impuesto sobre Transmisiones. Al no documentar la transferencia de los títulos, no se produce ninguna evidencia de su transmisión y, por tanto, no hay hecho imponible que se pueda gravar con impuestos.
- **Confidencialidad.** Los propietarios de la sociedad permanecen en total anonimato, ya que no figuran en ningún registro de accionistas. Un cambio en el accionariado pasa a ser un acto confidencial.
- **Se suelen utilizar para administrar bienes muebles (especialmente barcos y aviones) o propiedades inmobiliarias.** Se crea una sociedad para evitar el pago de impuestos (*offshore*), a cuyo nombre se registra la embarcación, el inmueble... Si se quiere vender de nuevo, basta con entregarle al comprador las acciones al portador, cam-

biando de propiedad la compañía y el bien registrado a su nombre. Es una transferencia inmediata y sin gastos por registros, notarios o impuestos.
- **Se utilizan para administrar empresas familiares.** Si una sociedad familiar está constituida con *bearer shares*, cuando fallece el propietario no es necesario parar la actividad hasta un juicio que determine quién es el propietario legítimo. Los descendientes del fallecido sólo tienen que presentar los títulos para ser reconocidos como nuevos dueños.

En contra:

- **Limitaciones y legislación obstructiva.** Las medidas contra el blanqueo de capitales y el fraude fiscal que están adoptando instituciones como la Organización para la Cooperación y el Desarrollo Económico (OCDE) han cuestionado a las *bearer shares*.
- **Desconfianza de los bancos.** Muchos exigen la custodia de los títulos para conocer quiénes son los dueños reales.
- **Debido a la lucha contra el fraude han perdido bastante popularidad.** Actualmente se suele recurrir a una fórmula que consiste en utilizar los servicios de directores y accionistas fiduciarios (*nominees*). Éstos figurarán en los papeles de la empresa en lugar de su propietario real, que tendrá reconocidos sus derechos mediante un contrato privado llamado *declaration of trust*.

Cito al gran psiquiatra y ensayista suizo Carl Jung: «Todos nacemos originales y morimos copias». Me gustan los ricos porque intentan evitar ser réplicas, buscando la originalidad y el mundo invisible para lograr sus fines. El filósofo y jurista francés Montesquieu también expresó otro pensamiento sobre las leyes que invita a reflexionar: «Una cosa no es justa por el hecho de ser ley. Debe ser ley porque es justa».

#LosTrucosDeLosRicos

La libertad comienza conociendo las múltiples acciones que tenemos a nuestro alcance; la esclavitud consiste en seguir a los demás por el mero hecho de que alguien dicta que debe ser así.

@juanharo

Truco 7

Tienen sus inmuebles a nombre de sociedades

(en las que no aparecen)

Una de las peculiaridades de los ricos es que analizan constantemente las tendencias. Y no nos engañemos, es cierto que cada vez existen más inspecciones, embargos, juicios eternos...; da igual si eres autónomo, trabajador por cuenta ajena, inversor o empresario, nos afecta a todos. Prueba a hablar en confianza con tu asesor fiscal y verás cómo te lo confirma.

Habrás escuchado la famosa frase «*Be water, my friend*» («Sé agua, amigo mío»), del gran maestro Bruce Lee. Esas palabras pertenecen a la última entrevista antes de su muerte, en la que dijo lo siguiente: «No te establezcas en una forma, adáptala y construye la tuya propia, y déjala crecer, sé como el agua. Vacía tu mente, sé amorfo y moldeable, como el agua. Si pones agua en una taza, se convierte en la taza. Si pones agua en una botella, se convierte en la botella. Si la pones en una tetera, se convierte en la tetera. El agua puede fluir o puede chocar. Sé agua, amigo mío».

¿Cuál es el significado de esta frase que resume gran parte de su filosofía de vida? Haciendo referencia al principio taoísta del *Wu wei* o principio de la acción no forzada, esas palabras recuerdan que no necesitas usar la fuerza para luchar contra ella. Fuera del ámbito de las artes marciales, Lee aboga por esa capacidad de fluir, ser flexible y adaptable como el agua en un mundo en constante cambio.

Eso mismo hacen los ricos, actuando con la menor resistencia. Hay dos claros objetivos al poner su patrimonio, sus inmuebles y sus activos en sociedades: por un lado, protegerlos de las garras del Estado, Seguridad Social, Hacienda, bancos o acreedores; por otro, minimizar la carga fiscal. Y todo desde la legalidad vigente.

No basta con poner todo a nombre de diferentes sociedades, sino que además debes evitar figurar en ellos como un accionista en el Registro Mercantil. Por este motivo afirmo que los ricos tienen sus inmuebles en sociedades donde no aparecen. Ya sabes algo que poca gente conoce: puedes tener sociedades en las que constas y otras en las que no. Es tu elección. Da igual a lo que te dediques, si prima en ti el objetivo de proteger tu patrimonio y de pagar menos impuestos, piénsalo bien.

No hablamos sólo de inmuebles, sino de cualquier otro tipo de activos: acciones de una empresa o activos financieros, joyas, dinero, antigüedades...

Las seis ventajas de tener los activos a nombre de sociedades (en las que no apareces como propietario) son las siguientes:

1. El anonimato
2. La posibilidad de evitar embargos
3. Las ventajas fiscales
4. La facilidad y rapidez de transmisión de patrimonio
5. El ahorro de impuestos
6. La minimización del riesgo al tener tu nombre (en el registro mercantil) en diferentes empresas.

Muchos ricos tienen una sociedad por inmueble en lugar de muchos inmuebles dentro de una misma sociedad, algo interesante debido a que a la hora de gestionarlo es mucho más transparente y su rentabilidad más fácil de calcular. Si estás buscando vender el activo en pocos años, podrás vender la sociedad entera en lugar del inmueble. Esto supondrá para el comprador el ahorro de decenas de miles de euros al no tener que pagar el Impuesto sobre Transmisiones, que oscila entre un 6 y un 10 por ciento según la Comunidad Autónoma.

Además, existe una ventaja añadida: se evita una posible denuncia sobre diferentes inmuebles en caso de estar en la misma empresa, los problemas los asume cada sociedad de forma independiente. Por último, recuerda que puedes pagar a un acreedor al que debas dinero entregándole la venta de dicha sociedad, que a su vez tiene como única propiedad un local. Un buen asesor o gestor te dirá qué rentabilidad te ofrece esta opción frente a la de tener el inmueble a tu nombre.

Otro aspecto que nos impide poner nuestro patrimonio a nombre de sociedades es el ego. Se trata del deseo de contar a todo el mundo que tienes algo a tu nombre o de que busquen en el Registro de la Propiedad cuántos inmuebles tienes. Ese ego es el responsable de que en todas partes aparezca tu identidad. Y, como recordarás, la información es poder.

Me encanta esta frase del escritor y periodista austriaco Karl Kraus: «Aparentar tiene más letras que ser». Intenta ser discreto y no presumir de todo lo que tienes porque el ego crecerá y es bueno tenerlo bajo control para evitar perder aquello que te pertenece.

#LosTrucosDeLosRicos

La vida se ve de otra manera cuando tus propiedades se encuentran protegidas y tu privacidad alcanza un nivel superior.

@juanharo

Truco 8

Dinero diversificado

¿Qué hace el ciudadano medio con el dinero? Invertirlo en su vivienda, ahorrarlo... y poco más. Eso es lo más común. Un potente ejercicio es evaluar dónde está la riqueza de tu patrimonio. Pregúntate dónde está tu dinero y el de los tuyos, y verás que pocos lo diversifican; esto es un gran error. Ya lo decía el inversor John Templeton: «El único inversor que no debería diversificar es aquel que acierta el ciento por ciento de las veces». Y, como no conozco a nadie que acierte siempre, ya sabes el camino.

Imagina que dispones de veinticinco mil euros. Muchos lo entregarían al banco para amortizar su hipoteca, haciendo que el precio de su vivienda siga subiendo. ¿Quieres saber qué ocurre cuando los precios de las viviendas descienden? Que el valor del patrimonio cae en picado. La realidad es que te vuelves más pobre.

Sabemos que influyen mucho las emociones a la hora de escoger nuestra vivienda, pero los ricos juegan en otra liga. **Existen dos formas de gestionar el dinero: concentrándolo en pocas cestas de inversión o diversificándolo en cestas diferentes.** Entendemos como cesta de inversión aquel lugar donde depositas tu dinero para poder revalorizarlo, o bien para conseguir una rentabilidad como, por ejemplo, acciones de Bolsa, oro, antigüedades, un inmueble o un cuadro. Los ricos estudian todos los escenarios posibles, por eso no olvidan diversificar. Saben que, aunque en unos casos ganarán y en otros perderán, los números finales serán positivos si han sabido escoger.

Mi peluquero Jorge es un joven enamorado de las zapatillas deportivas de marca: tiene más de 150 pares. Son series limitadas que le encanta comprar para ver cómo se revalorizan y comprobar cómo aumenta su precio hasta un 200 o 300 por ciento. Se trata de un mercado que poca gente conoce pero que está en alza; por algunas de ellas se acaba pagando una fortuna.

Existen dos conceptos que los ricos manejan con respecto al análisis de cualquier inversión a la hora de diversificar su dinero: la tendencia y el Precio/Premio (P/P).

Cuando los ricos van a diversificar cualquier tipo de activo miran tanto su valor como la tendencia. Imaginemos que queremos invertir en un diamante: primero necesitaremos comprar barato (que el valor sea alto y el precio bajo), y después saber si estamos en un mercado *alcista* (los precios suben) o *bajista* (los precios caen). Muchas veces cometemos el error de comprar algo a buen precio cuando no existe una tendencia ascendente (pocos compradores).

El concepto Precio/Premio (P/P) sirve para diversificar. Piensa que puedes comprar las acciones de una empresa que cotiza en Bolsa con las que puedes ganar un 10 por ciento en dos años (5 por ciento anual). Por otro lado, tienes una oportunidad de invertir en una plaza de garaje un capital similar, ganando un 6 por ciento en seis meses (12 por ciento anual). ¿Qué decisión tomarías? Efectivamente, la segunda, porque la relación precio/premio es más alta. **Si algo cuesta un precio alto y tiene un premio bajo no vale la pena invertir en ello.** Si, por el contrario, existe un premio alto, adelante. Sabemos que no hay nada seguro, pero si los números no arrojan un escenario positivo es mejor esperar al próximo tren.

¿Para qué diversificar? Te doy una decena de razones: para protegerte ante posibles caídas de precios, para blindarte ante embargos, para adelantarte a una crisis económica, para protegerte ante un posible *corralito* de un banco o Estado, para lograr mejores rentabilidades, para hacer crecer tu dinero, para ser más rico, para formar parte de un grupo minoritario, para que las ganancias de unas inversiones compensen las pérdidas de otras y para hacer anónimo tu patrimonio.

La pregunta del millón es dónde diversifican su dinero los ricos. Te dejo quince opciones con los porcentajes que sugiero a la hora de dividir tu patrimonio.

1. Inmuebles (45 por ciento).
2. Efectivo (24 por ciento).
3. Compra e inversión de empresas o proyectos (participaciones) (6 por ciento).
4. Bitcoins y criptomonedas (6 por ciento).
5. Bolsa - acciones - productos financieros (3 por ciento).
6. Minería de bitcoins (3 por ciento).
7. Clubs de inversión (2 por ciento).
8. Ofertas Iniciales de Monedas (ICOS) (2 por ciento).
9. Desarrollo de negocios (participaciones) y franquicias (2 por ciento).
10. Desarrollo y distribución de productos/servicios (2 por ciento).
11. Desarrollo y creación de ideas/patentes (1 por ciento).
12. Oro y metales preciosos (1 por ciento).
13. Joyas (1 por ciento).
14. Antigüedades (1 por ciento).
15. Arte (1 por ciento).

No caigas en la trampa de empezar cuando tengas mucho dinero. Cerramos este truco con una frase del fundador de Amazon, Jeff Bezos: «Cuando tengas ochenta años y te descubras en un momento tranquilo de reflexión, narrando sólo para ti la versión más personal de tu historia de vida, el relato más conciso y significativo será la serie de elecciones que hayas hecho. Al final, somos nuestras elecciones».

#LosTrucosDeLosRicos

Si tienes tu dinero diversificado podrás producir más y lograrás reducir el riesgo de perderlo. Nunca pongas todos los huevos en la misma cesta.

@juanharo

Truco 9

Disponen de otro tipo de asesores fiscales y abogados

Los gestores, asesores y abogados están siendo sistemáticamente acusados de ser responsables subsidiarios de cualquier multa o sanción impuesta a sus clientes. Por tanto, si tú fueses uno de ellos también aconsejarías a tus usuarios (clientes) quedarse quietos, pero eso no hará crecer tu dinero, no lo protegerá ni minimizará del pago de impuestos. Hay que distinguir entre los abogados que evitan peligros y aquellos que encuentran tesoros; los de los ricos pertenecen al segundo grupo. Tú puedes imitar a los ricos diciéndole a tu abogado o asesor que eres consciente de que hay peligros, pero que necesitas su ayuda.

La clave es entregarse a riesgos medidos para conseguir grandes tesoros. Así piensan los ricos. Si sólo mides el riesgo acabarás cediendo al inmovilismo, pero si lo mides respecto al beneficio, podrás tomar riesgos calculados gracias a los expertos. Los ricos se rodean de abogados, gestores y asesores fiscales que conocen triquiñuelas y argucias legales para burlar el sistema, logrando lo que desean. Son de otra raza. Siempre están preguntando por la solución y yendo a por ella.

Éste es el objetivo: rodearse de otro tipo de profesionales que estudian y conocen la jurisprudencia y saben qué recursos pasados han funcionado para poder utilizarlos si existiese cualquier problema futuro. Todo esto no significa que los ricos ganen todas las batallas legales por contar con buenos defensores, pero el porcentaje de éxito es importante.

En el lado contrario está la mayoría de la gente, sumergida entre el miedo, la inacción y los peligros que pueden suponer dejar de pagar o recurrir. El sistema, el Estado y la banca se aprovechan de estos temores, muchas veces infundados.

En mis treinta años de trayectoria he visto todo tipo de abusos. Y también he comprobado que cuando existen las ganas de solucionar algo se puede lograr. Sin embargo, cada año que pasa veo a más empresarios que no desean plantar cara ni buscan a esos abogados o asesores que saben cómo salir ilesos. **Localiza a los mejores profesionales para ahorrar miles de euros y, sobre todo, para hacer justicia.**

La diferencia está en dar con aquellas personas que brillan gracias a su valentía y están acostumbradas a lidiar ante un afán recaudador inhumano. Recuérdalo y rodéate de un buen abogado (parte jurídica), un asesor fiscal (fiscalidad) y un gestor. El silencio y la inacción son los peores compañeros de la justicia.

Éste es mi credo: **«La ley más importante, tu moral. El mejor abogado, tus principios. Y el mayor juez, tu conciencia».** El economista y escritor inglés Jeremy Bentham decía, por su parte, que «el poder del abogado se encuentra en la incertidumbre de la ley».

#LosTrucosDeLosRicos

Un buen abogado y un gran asesor fiscal te ahorrarán disgustos y dinero. Si no haces nada estarás vendido. Habrás perdido. Si lo intentas, podrás ganar. Y la sensación de intentarlo no tiene precio.

@juanharo

Truco 10

Compran sociedades promotoras con deuda bancaria

(sin avales y por un euro)

Si has leído bien el título del truco puede que pienses que es difícil de lograr o que es algo imposible. Desde el año 2007 existen multitud de promotoras y empresarios que no pueden hacer frente a la deuda hipotecaria que asumieron al construir viviendas. Ésa es la razón por la que en toda España existen chalés y edificios cerrados en todo tipo de poblaciones: se encuentran en procesos de ejecución hipotecaria que pueden durar años.

Los verdaderos propietarios son personas como tú y yo, cansadas de pelear con el banco y de recibir notificaciones de requerimientos de pago, que acaban sintiendo que están ante una causa perdida. Sin embargo, no olvides que tras el dolor están las verdaderas oportunidades. Los ricos están al acecho de nuevos negocios; desean ayudar a cualquier persona siempre que ellos también salgan beneficiados. La Escuela de Inversión se dedica a buscar este tipo de viviendas cerradas en toda España para poder adquirirlas (muchas veces por un euro). Y aquí surgen cuatro grandes preguntas:

La primera, ¿por qué alguien vendería sus inmuebles por un euro? Muchos de estos empresarios y promotores piensan que están ante una causa perdida. Durante mucho tiempo intentaron negociar con su entidad bancaria pero no encontraron una solución. Al final, lo único que desean es acabar con la agonía vendiendo la sociedad por una cantidad simbólica, igual que hizo el Banco Santander cuando adquirió el Banco Popular por un euro. Al adquirir la sociedad te quedas con todos los inmuebles, pero también con la deuda bancaria.

La segunda pregunta es por qué alguien querría adquirir inmuebles cerrados con una gran deuda bancaria. Pues porque es un gran negocio. Una vez que se ha adquirido la sociedad se acude al banco como nuevo propietario de la deuda y comienza un proceso de negociación, sin importar el punto en el que se encuentre el proceso de ejecución hipotecaria. Se paralizan todos los pagos y se invita al banco a hacer una importante reducción de la deuda (*quita*) para que todas las partes ganen.

El banco no suele acceder, pero aquí es donde empieza a funcionar la maquinaria: como recordarás, los ricos tienen buenos abogados que paralizarán una y otra vez el intento de la entidad por arrebatarnos los inmuebles. Es decir, pondrán piedras en el camino para que el tiempo pase. Mientras tanto, los pisos se alquilarán y se recibirán rentas interesantes por algo que antes estaba cerrado. ¿Ves el negocio?

Es cierto que existirán gastos, como poner en marcha las viviendas de alquiler, dar de alta los suministros, abonar parte de la deuda del recibo de contribución con el ayuntamiento y los costes de los abogados. Pero hasta aquí, porque el banco no recibe un solo euro hasta que exista un acuerdo sensato para todas las partes. Nuestros ingresos, sin embargo, serán los alquileres de las viviendas.

Tercera cuestión: ¿y por qué valen tan poco? ¿Por qué no lo hacen ellos? Por tres razones principalmente: primero, porque al estar cerradas las viviendas desde hace tiempo no desean destinar más dinero y tiempo a algo que les acabarán arrebatando; segundo, porque el promotor no conoce a estas empresas (ricos) que cuentan con los medios (abogados) que se necesitan para ganar la batalla legal al todopoderoso banco; y, tercero, porque no saben que es más fácil arreglar una deuda bancaria cuando es un tercero quien lo intenta. Esta clave es básica para lograr el éxito. El propietario de los inmuebles está agotado y no ve una solución, pero tú ya la conoces.

¿Y si compras la empresa (activos y deudas incluidos) te podrían embargar? Lo primero que uno debe hacer es revisar la documentación para confirmar que no existieron avales personales al firmar las hipotecas o préstamos. Si es así, aunque se adquiera la empresa no existirá temor por parte del vendedor ante un posible embargo. Sólo podrán ejecutar los bienes de la sociedad. Y por parte de la entidad que realiza la compra, lo mismo: no podrán hacerlo al no existir en la operación de préstamo inicial.

¿Qué ocurre si cuando uno construyó las viviendas avaló con sus bienes la operación de los créditos hipotecarios? Existen muchos empresarios que avalaron ellos mismos o mediante sociedades propias. Si éste es el caso, también hay solución. Eso sí, aquí el problema es mayor. Y la solución es la misma, pero mediante contratos privados de los que el dueño recibirá un porcentaje pactado de los beneficios.

Lo de adquirir por un euro la sociedad en notaría es flexible. Otras veces, el antiguo propietario interviene, quedándose con un porcentaje de los beneficios al tener una importante herida con la banca y querer recuperar parte de lo perdido. A estas alturas del truco intuirás que existen dos posibles desenlaces: el primero, que con el paso del tiempo el banco termine eliminando parte de la deuda. En este caso, todos ganan: el banco cobra parte de lo prestado, la empresa compradora se queda con los alquileres y un beneficio pactado, y el antiguo dueño recibe una compensación si participa en la operación. En el segundo caso, el banco termina quedándose con todos los inmuebles mediante la finalización del proceso de ejecución hipotecaria. Recordemos que será un pleito largo por la mediación de los abogados. Si éste es el final, también habrá beneficios para las partes durante el tiempo que dure el proceso.

Si te interesa poner este truco en marcha necesitarás:

1. Alguien que localice este tipo de sociedades con inmuebles que soporten deuda bancaria.

2. Una empresa que adquiera la sociedad con inmuebles cerrados.
3. Un negociador bancario que pacte con el banco.
4. Un abogado que realice eficaces recursos que agoten a los bancos.
5. Una empresa que gestione y adapte los inmuebles para alquilar.
6. Un asesor que se encargue de la fiscalidad de la operación.

La puesta en marcha de este truco comienza con la búsqueda activa de estos inmuebles cerrados o con mucha deuda bancaria para dar paso a una negociación con su dueño, tras lo que deberíamos averiguar si tiene avales y el estado del proceso de ejecución hipotecaria. Justo después llegaría la fijación de condiciones (el pacto del precio y si se realiza en notaría o mediante un contrato privado) para llegar a la compra de la sociedad, o bien a los acuerdos con contrato privado (según haya o no avales). Acto seguido nos pondríamos con la presentación al banco del nuevo tenedor de la deuda y el intento de negociar la deuda, para a continuación paralizar los pagos mientras dure la negociación. El acondicionamiento de las viviendas para su alquiler es un hecho, tras lo que nos sumiremos en la negociación con acreedores existentes: ayuntamiento, comunidad de vecinos... El alquiler, la negociación con los bancos y acreedores, y la realización de los correspondientes recursos jurídicos para lograr una solución satisfactoria para todas las partes supondrán el final del proceso.

Seguramente estés pensando que es mucho trabajo. Ése sería el camino largo para lograr este truco, hacerlo por ti mismo, pero también puedes utilizar la vía pasiva, que consiste en pasar cada operación a empresas que se dedican a ello, como realiza La Escuela de Inversión o bien otras empresas, a cambio de unos honorarios o alquileres mensuales.

#LosTrucosDeLosRicos

Los ricos saben que no necesitas dinero para comprar inmuebles, pero sí una forma diferente de hacer las cosas. No se trata de tener un conocimiento infinito, sino de ser diferente y creativo.

@juanharo

Truco 11

Manejan la deuda de otra forma

(mucha deuda, *cocodrilos* y apego cero)

La forma de pensar de los ricos es diferente. Por eso suelo ser tan crítico con un sistema educativo que nos impide lograr nuestras metas. ¿Qué educación hemos recibido de nuestros padres y en la universidad? Repasemos algunas afirmaciones que muchos piensan que son correctas: que la deuda aniquila a la gente, que tener deudas te hace más pobre, que tienes que vivir con lo que tienes, que si quieres ser rico tienes que ahorrar, que no es bueno pedir dinero a los bancos...

Existen dos tipos de deuda: **la buena es la que pagan otros y la mala es la que pagas tú.** Tienes deuda buena cuando pides dinero al banco para comprarte un coche a nombre de la empresa. Las cuotas del préstamo son pagadas por los beneficios que genera tu empresa. No lo pagas tú, sino tu empresa. También hablamos de deuda buena cuando adquieres un local o vivienda cuyo préstamo pagan tus inquilinos, si solicitas un préstamo para ampliar tu negocio y es pagado por la empresa o si haces un viaje de placer y lo pagas con dinero de tu negocio para minimizar los beneficios y pagar menos impuestos.

La deuda mala es aquella que aparece cuando te compras un coche y debes devolver el dinero de tu bolsillo. Una alternativa para convertir esa deuda en buena sería alquilarlo y abonar las cuotas del banco con ese dinero. Cuando pides un préstamo a un banco para celebrar la boda de tu hijo o para un negocio que no funciona, dejando tus ahorros como aval, también hablamos de este tipo de deuda.

Los ricos piden muchos préstamos, pero procuran no avalar como personas físicas, haciéndolo la empresa con sus activos, protegiendo su dinero al mismo tiempo que convierten la deuda mala en buena al pagar dichos préstamos a través de negocios que funcionan. Lo que no hacen es endeudarse al empezar una actividad porque desconocen el porvenir.

Existen muchas formas de empezar un negocio sin tener que pedir dinero. Ceder la distribución de tu producto o servicio a un tercero para comprobar si el mercado responde es una de ellas. Si les gusta, lo comprarán y obtendrás dinero, pero lo más importante es que sabrás que existe una demanda.

El que es rico utiliza el ingenio para conseguir dinero prestado justo en el momento en el que tiene algo grande. El que es pobre lo primero que hace es tirar de sus ahorros o pedir dinero al banco avalando él. Si el negocio, su actividad o trabajo desaparecen tendrá un *cocodrilo* más en su vida, entendiendo el término como aquello que te quita energía, dinero, esfuerzo o tiempo sin compensación suficiente. Si se trata de un inmueble, hablaríamos de un *cocodrilo* si no te aporta más de 250 euros netos al mes. Si no obtienes este dinero estás perdiendo el tiempo.

Los *cocodrilos* restan vida y los ricos los odian. Enumeremos algunos ejemplos de *cocodrilos* que anclan a la mayoría de la población y les impide tener tiempo de calidad: una cuenta bancaria con comisiones, una actividad profesional que no te aporta un solo euro, la casa donde vives, un negocio que apenas da beneficio o una inversión en Bolsa que no deja de caer y te impide reinvertir.

Si algo no te aporta dinero te lo está quitando, aunque sea sutilmente. Además, existe otro concepto que los ricos tienen muy asumido: el coste de oportunidad. Piensa en un negocio en el que intervienes y ganas cinco euros. Lo más probable es que todo el mundo piense que es un buen negocio si antes no tenías nada y ahora sí. Ahora imagina que durante ese mismo tiempo había otra opción con la que podrías haber ganado quinientos euros. De repente, el primer negocio se ha convertido en una mala decisión al haber perdido 495 euros, lo que se denomina coste de oportunidad.

No puedes mirar sólo lo que estás ganando, sino también lo que estás perdiendo por invertir en el sitio equivocado, manteniendo *cocodrilos* o tu dinero parado. Dejamos de lado grandes proyectos, oportunidades, ideas e inversiones porque estamos atrapados en cuestiones que no dan resultados. Los ricos conocen los *cocodrilos* y huyen de ellos.

Por último, sabemos que los ricos no tienen ningún apego a la deuda mala. Cuando ven que algo les está quitando dinero, que un negocio ha quebrado o que tiene lugar un contratiempo, borran su deuda negociando con el acreedor. No mantienen aquello que no funciona por mucho que les guste o piensen que puede cambiar. Los números no mienten y los ricos dan un tiempo máximo a cada activo. Si en ese espacio no funciona, se convierte en un *cocodrilo* del que deshacerse.

Por último, una reflexión: es importante no engañarse ni olvidar que la deuda mala y los *cocodrilos* impiden que seas rico en términos de tiempo y dinero. Al final, lo que está en juego es tu calidad de vida. La deuda es sana mientras sea de la buena. Antes de seguir los pasos de los ricos te sugiero que examines cuántos *cocodrilos* tienes para poder diseñar una estrategia que acabe con ellos. Mantenemos *cosas* porque nos cuesta perder dinero y esfuerzo invertido, pero es necesario extirpar todo aquello que te aleja de tus sueños.

Los ricos juegan con dinero que no es suyo. Imagina estar en un casino donde puedes utilizar las fichas de otros si pierdes, apropiándote de las buenas cuando ganas. Tus nuevos ojos te harán ser rico y las decisiones que tomes marcarán la diferencia. Te recuerdo lo que decía el escritor británico y premio Nobel de Literatura Bertrand Russell: «Conquistar el miedo es el comienzo de la riqueza».

#LosTrucosDeLosRicos

Amar la deuda es cosa de ricos. Odiar los *cocodrilos* y eliminarlos de tu vida supone aprovechar tu mejor activo: el tiempo. Debemos diferenciar qué tipo de deuda es buena o mala.

@juanharo

Truco 12

Adquieren empresas inactivas

(no las crean ellos)

Una solución imperfecta es mucho mejor que ninguna. Existen abogados y asesores fiscales que dirán que muchos de estos trucos funcionan. Recuerda que el miedo lo impregna todo para forzar a que la gente no haga nada, pero que existen profesionales que sí saben cómo hacer las cosas.

Para aquellos que sólo buscan la excelencia, dos frases que siempre me acompañan. La primera, del maravilloso escritor Mario Benedetti, que decía que «la perfección es una pulida colección de errores». La segunda, de la Nobel literaria Pearl S. Buck, según la cual «el afán de perfección hace a algunas personas totalmente insoportables».

Éste es uno de los trucos más potentes. Miles de personas que han tenido un negocio saben lo que es enfrentarse a un embargo, sanción o multa cuando no puedes afrontar el pago, no quieren negociar contigo y sólo pretenden que trabajes gratis durante años con el propósito de hacerte pagar una deuda que no deja de crecer. Se trata de un «efecto bola de nieve».

En las empresas existe un proceso denominado concurso de acreedores por el cual un administrador concursal liquida una sociedad negociando la deuda existente con los acreedores, liberando al empresario para que pueda volver a emprender. Sin embargo, si has avalado personalmente o tienes un problema como persona física no existe tal figura. Hay muchos casos en los que no te dejan tener una cuenta bancaria ni volver a emprender, porque tus cuentas son confiscadas hasta que pagues una deuda en aumento. Existe una manera de salir airoso.

Una de las vías más comunes para ser rico es trabajar para ti mismo, teniendo varios negocios, empresas e inversiones. Hay dos maneras de montar empresas: la más utilizada y la que sólo usa una minoría.

Lo habitual es que cuando montes una compañía elijas el nombre que más te guste y te inscribas como socio con tu pareja. Después se realizaría la visita al notario, el nombramiento de un administrador y los pasos conocidos. En este caso, los accionistas que habéis constituido la sociedad figuráis en el Registro Mercantil. Pero esto no es lo que hacen los ricos.

Hay empresas que tienen listados de negocios ya creados que permanecen inactivos. Al adquirir uno de ellos te ahorras muchos trámites legales, y **si no compras el ciento por ciento de las acciones no apareces en el Registro.** Por esta razón hay miles de sociedades donde el 99 por ciento de las acciones son de un empresario y el 1 por ciento restante de su padre o madre. La ley no permite registrar la compraventa de participaciones. Si adquieres el total de las acciones sí se consideraría una empresa o sociedad unipersonal y se registraría.

Los ricos huyen del Registro Mercantil porque aman el anonimato y no desean que les arrebaten su patrimonio. Si Hacienda o un banco precisan saber qué empresas tienen no los encontrarán como poseedores de ninguna compañía.

Al adquirir una empresa inactiva de un largo listado de sociedades te preguntarás cómo ponerle el nombre que deseas. Para ello, lo primero que deberías confirmar es que el título se encuentre disponible en el Registro mediante una solicitud que podrás realizar al constituir el negocio o incluso después. Si te confirman que su denominación está libre, podrás cambiarla en el notario de la sociedad que vas a adquirir.

El objetivo de las empresas inactivas no es satisfacer a los ricos, sino que cualquier empresario pueda disponer de un negocio con el que poder facturar cuanto antes. De esta forma se ahorran unos trámites burocráticos que en España suelen tardar incluso meses, algo ilógico cuando se trata de crear riqueza. ¿Qué hay de malo en que uno desee ser discreto mientras cumpla la ley?

Vamos con las siete ventajas de este truco:

1. Te permite volver al mundo laboral si tienes deudas, así como seguir creando riqueza y pagando impuestos.
2. Es mucho más rápido que crear una empresa, permitiéndote facturar en cuestión de días.
3. No necesitas depositar tres mil euros mínimos de capital social al estar adquiriendo una sociedad existente.
4. Mantiene tu anonimato al no constar en el Registro Mercantil, protegiéndote de embargos de terceros.
5. Al ser dos o más socios puedes recomprar dichas acciones con un contrato privado y seguir controlando el ciento por ciento de la sociedad. También lo podrías elevar a público en cualquier momento.
6. Se utiliza para proteger el patrimonio y para otros trucos que leerás más adelante como el de ceder capital a terceros. Piensa en tus hijos, por ejemplo.
7. Puedes tener varias sociedades inactivas que pasarían a ser activas cuando las adquieras, sin el temor de aparecer en Hacienda con mucho patrimonio.

Falta un apunte importante que desde hace años se aplica a la hora de la compraventa de sociedades y participaciones con la excusa de luchar contra el fraude y blanqueo de capitales: **el acta de titularidad real, un documento que debe pasar por todo aquel que adquiera más del 25 por ciento de una sociedad.** Este escrito suele guardarse en la notaría, donde se firma, y aunque se envía al Registro Mercantil no acaba con las ventajas anteriores: seguirás sin aparecer como accionista de la sociedad.

Existe otra solución para no firmar tal acta: que cuatro personas se hagan con una parte proporcional de la sociedad. En ese caso no estás obligado a firmar, el único que deberá hacerlo es el administrador. Seguidamente, podrás adquirir las acciones de los socios que no van a aportar valor a la sociedad. Seguirás teniendo el control, aunque esto no es tan relevante por mucho que algunos abogados o asesores lo digan.

Éstos son los siete pasos prácticos a dar con este truco:

1. Busca en Google «comprar empresa veinticuatro horas» y aparecerán las compañías que venden sociedades inactivas en los primeros puestos.
2. Deberás comunicar tu deseo de adquirir una empresa inactiva, así como los datos del administrador y el reparto de las acciones. Recuerda que no puede hacerse con una sola persona y que el administrador puedes ser tú mismo, apareciendo como tal en el Registro Mercantil.
3. Antes de la firma de la compra de la sociedad en notaría especifica el objeto social de la misma, es decir, a qué se va a dedicar.
4. Decide si quieres cambiar el nombre en el mismo acto de compra de las participaciones. Si es así, deberías tener adjudicado el nuevo nombre por parte del Registro Mercantil, adjuntando en la firma notarial este certificado y modificando su denominación.
5. En caso de que no seas tú el nuevo administrador, éste te debe firmar un poder en la notaría para que puedas operar con bancos y realizar operaciones de compraventa. Es mejor que el poder sea específico para operar con determinados bancos, pues muchas entidades no validan los poderes generales. El documento debe pasar por el Registro Mercantil.
6. Inscribe al nuevo administrador y los poderes definidos, así como el nuevo objeto social y otros requisitos.
7. Sigue los pasos finales que te indicará la empresa a la que hayas comprado la sociedad inactiva.

Al tener tus socios y tú las escrituras de participaciones del ciento por ciento de la sociedad no tienes nada que temer. Recuerda que, aunque la ley no permite la inscripción de estas compraventas, tú eres el propietario.

Existen muchas leyendas sobre quién puede ser administrador y sus riesgos. La realidad es que, si eres una persona sensata que hace las cosas siguiendo la ley, no hay inconveniente en que seas administrador: si no eres un estafador, ni serás perseguido ni embargarán tus bienes. Las sociedades limitadas tienen responsabilidad limitada, no lo olvides. De todas formas, puedes elegir que ese papel recaiga en otra persona si no deseas afrontar el gasto de la Seguridad Social, algo a lo que están obligados los administradores, salvo que sea autónomo y ya esté cumpliendo con sus obligaciones. Éste es otro motivo por el que puedes nombrar a otra persona como administrador.

En caso de que no seas el administrador dispondrás de un poder específico o general para operar con la sociedad. Te recomiendo que, incluso aunque tú lo seas, se firme una carta de cese con la fecha en blanco. Esto te ahorrará disgustos. **Se trata de un documento privado pero válido que te ayudará a nombrar rápidamente un nuevo administrador.** En el caso de fallecimiento o de que esta persona estuviese ilocalizable, tendrás un documento con el que nombrar a otra persona. Muchos de los trámites anteriores te los podrá solventar cualquier gestoría, pero recuerda dejar claros tus objetivos.

Hasta ahora has visto cómo comprar una sociedad como persona física. Puedes hacer lo mismo a nombre de una persona jurídica o empresa y así ser más anónimo. Como dueño podrás adquirir otras sociedades inactivas, aunque esta vez quien compra es la empresa. **Recuerda solicitar un certificado que demuestre que la sociedad no ha tenido actividad para evitar deudas pasadas.**

Durante todo el proceso tendrás que lidiar con el ego, ya que es habitual querer tener todo a nuestro nombre por pura vanidad. Aunque legalmente la sociedad será tuya, recuerda que no aparecerás en el Registro Mercantil. Como ves, los ricos anteponen la privacidad al hecho de presumir. Lo que de verdad les importa es el anonimato y la protección de su patrimonio. **Te animo a que factures por múltiples vías, para lo que te sugie-**

ro que pongas un objeto social amplio, algo que podrás hacer más adelante.

Una de mis escritoras favoritas, la filósofa Ayn Rand, decía que «la civilización es el progreso hacia una sociedad de privacidad. Toda la existencia del salvaje es pública, regido por las leyes de su tribu. La civilización es el proceso de liberar al hombre de los hombres». Por tanto, no deberíamos perder nuestra privacidad.

#LosTrucosDeLosRicos

Los ricos adquieren empresas en vez de crearlas. Aman el anonimato y la libertad. Saben que el hombre ha nacido libre y no quieren estar constantemente vigilados como ocurre con aquellos que siguen los designios de unos pocos.

@juanharo

Truco 13

Minimizan los impuestos constantemente

(empresas con pérdidas)

Fiscalidad es una asignatura suspensa. Ya lo decía uno de los Padres Fundadores de Estados Unidos, Benjamin Franklin: «En este mundo hay dos cosas seguras: la muerte y pagar impuestos». Y así es: cada producto, servicio que adquirimos y euro que ganamos tiene que tributar. Me pregunto por qué el sistema educativo le presta tan poca atención a esta materia. Deseamos pagar menos impuestos, pero el sistema quiere lo contrario. Por este motivo, intentan que cuentes con menos información.

Luis Gómez es un técnico de ordenadores que trabaja por cuenta ajena en la empresa Logical Info, obteniendo al año veintiséis mil euros y pagando al fisco en torno al 30 por ciento. Su compañero Antonio García tiene el mismo puesto, pero en lugar de estar contratado emite una factura desde su propia empresa y paga en torno al 20 por ciento de impuestos, ganando 2.600 euros anuales más

Una persona bien educada se ahorrará impuestos, ganará más dinero y trabajará menos. La fiscalidad está siempre presente, ya sea cuando alquilas una vivienda o la adquieres, pides un préstamo, compras productos o servicios, trabajas para ti o para terceros, echas gasolina, tienes ahorros en el banco, haces un viaje o recibes una herencia. Siempre tienes opción de pagar más o menos, algo que los ricos saben.

Hay muchas formas de minimizar el pago de impuestos de forma legal y constante. Con ello lograrás trabajar menos horas al conseguir tus objetivos financieros mucho antes, obtener más dinero neto al pagar menos impuestos y conocer tu situación financiera en todo momento, posicionándote como parte de una inteligente minoría.

Es lógico querer tributar menos, siempre desde la legalidad, algo impensable si trabajas por cuenta ajena o eres autónomo. Desde la seguridad de una nómina en una empresa donde estás contratado es imposible minimizar impuestos. Pero no te preocupes, podrías plantear que deseas que otra empresa facture tus servicios en lugar de estar en nómina. Sé que esto puede levantar ampollas, porque la mayoría de personas no quieren tener una empresa para ello, pero debes saber que entonces pagarás más impuestos y ganarás mucho menos.

Los autónomos, personas físicas y trabajadores por cuenta ajena pagan hasta un 45 por ciento de impuestos. Esto en teoría, puesto que en la práctica es mucho más por los pagos de la Seguridad Social, las retenciones y los nulos gastos que puedes desgravarte. Por tanto, estás por encima del 50 por ciento si ganas más de sesenta mil euros al año. Si quieres ser rico tendrás que ganar mucho más que esta cifra, y una vez que lo consigas, no aplicar este truco sería un error.

Para minimizar los impuestos es recomendable facturar desde una empresa que tú controles, como veíamos en el truco anterior. Las sociedades o empresas tributan con el Impuesto sobre Sociedades, y éste lo hace al tipo general del 25 por ciento. Existen tipos reducidos para emprendedores, que pagan el 15 por ciento, e incluso el 20 por ciento para cooperativas. Como ves, mucho menos que en anteriores supuestos. En una empresa tributas por los beneficios, por lo que podrás deducirte muchos más gastos que como autónomo o trabajador por cuenta ajena, pagando menos del 25 por ciento si haces las cosas bien.

El economista estadounidense Milton Friedman lo expresaba muy bien: «Tenemos un sistema que cobra cada vez más impuestos al trabajo y subsidia el no trabajar». Y eso sin contar el golpe de la inflación.

Las acciones que realizan los ricos para minimizar los impuestos son las siguientes:

1. **Objetos sociales amplios.** El objeto social de una empresa es el conjunto de actividades a las que se va a dedicar. El fin es poder facturar por diferentes conceptos. La redacción del objeto social debe ser clara y fiel al proyecto. Si los objetos sociales son muy diferentes se suelen tener varias empresas.
2. **Facturaciones cruzadas.** Para minimizar el impuesto a pagar y obtener un beneficio neto mayor.
3. **Más gastos deducibles.** Saben qué gastos meter por la empresa para pagar menos impuestos, como viajes, comidas y gastos del coche.
4. **Facturaciones que pueden demostrar.** Son conscientes de una posible inspección y pueden demostrar la veracidad de cualquier factura emitida. Lo contrario sería un delito fiscal.
5. **Adquieren empresas con pérdidas.** Existen empresas a la venta que han sufrido pérdidas. Si una de ellas es adquirida y comienza a facturar, estará varios años pagando un cero por ciento de impuestos. Si adquieres una empresa con 75.000 euros de pérdidas y facturas tus servicios o productos a través de ella, no tendrás que pagar impuestos hasta superar los mismos euros de beneficio. Existen empresas y personas que venden sociedades que arrastran pérdidas. Las puedes encontrar por importes que van de los tres mil a los diez mil euros. Obtendrás mucho más beneficio al no tributar impuestos.
6. **Es un juego de números.** Imagina que tienes unos beneficios anuales de 80.000 euros y tienes que pagar el 25 por ciento de los mismos. Esto supone 20.000 euros de impuestos. Si en vez de eso has adquirido una empresa con unas pérdidas de 75.000 y la has adquirido por

7.000, tributarías por la diferencia. Hagamos cálculos: 80.000 euros de beneficios menos 75.000 de pérdidas nos da un total de 5.000 euros, cuyo 25 por ciento serían 1.250 que te tocaría pagar. A eso le sumarías el coste de la empresa adquirida, lo que hace un total de 8.250 euros... frente a los 20.000 que tendrías que entregar si no utilizases este truco. ¡Hablamos de un ahorro de 11.750 euros! Sobre 80.000 euros de beneficio, te ahorras 11.750 de impuestos, es decir, un 15 por ciento de ahorro. Ahora piensa cómo sería si tuvieses un beneficio de 345.000 euros... En definitiva, céntrate en la gestión de impuestos y mejorará tu calidad de vida.

#LosTrucosDeLosRicos

Los impuestos y la fiscalidad son asignaturas obligatorias para los ricos, que saben cómo aprobar con nota. El resto de mortales simplemente ignora que esta asignatura existe porque piensa que es ilegal minimizar los impuestos. Y nada más lejos de la realidad.

@juanharo

Truco 14

Los ricos empiezan por el final

Definamos qué es el principio y el final o, mejor aún, pongamos de ejemplo una película. El maestro del séptimo arte Francis Ford Coppola dirigió en el año 1988 *Tucker: un hombre y su sueño.* La cinta narra la aventura real de un famoso constructor de automóviles que en la década de los cincuenta se enfrentó a las grandes firmas de automóviles de Detroit (General Motors y Ford) con un modelo tecnológicamente revolucionario. El papel de Tucker fue realizado por el gran actor Jeff Bridges. En esta producción hubo algo que me cautivó: se empieza por el final. Una de las primeras cosas que el protagonista hace es diseñar el coche sin tener ni fábrica, ni empresa, ni empleados. Publicó un boceto en una revista para ver qué opinaban los lectores y su sorpresa fue mayúscula cuando empezó a recibir pedidos.

Con esta historia se demuestra su humildad al querer saber si lo que había diseñado tendría aceptación y lo poco importante que es tener todo listo para la promoción. Se trata de un claro ejemplo de que los ricos tienen en su cabeza el proyecto que quieren lanzar al mundo.

Empezar por el final es tener claro lo que quieres y construir los detalles en tu mente. Si dispones de una visión clara y ves con nitidez lo que quieres construir, ya sea una fuente de ingresos o un negocio, llegarás antes que si no sabes lo que deseas crear. La visión es lo que te hará rico, es viajar en el tiempo y ver lo que has construido, además de cómo te gustaría que fuese.

El escritor irlandés y autor de *Los viajes de Gulliver*, Jonathan Swift, lo expresó de forma natural: «Visión es el arte de ver las cosas invisibles». Los ricos la tienen; sin ella se suele trabajar para otro que sí la tiene. Con visión todo es posible y ni el esfuerzo ni el sufrimiento tienen cabida, porque se camina firme hacia un objetivo.

La visión lleva aparejada la creación de un organigrama con todos los departamentos, procesos y protocolos con el fin de ofrecer la construcción de tu proyecto. A veces este esquema está repleto de cargos y personas imaginarias porque no existen recursos para poder contratar a nadie. Aunque hasta ahora tu nombre figura en todos los departamentos, al tener este truco y anticipar el final podrás ir llenando el organigrama de personas que se irán uniendo a ti.

No nos olvidemos de que nada se construye solamente con visión. El empresario y escritor Jack Welch dijo hace años que «la visión sin acción es un sueño. Acción sin visión es simplemente pasar el tiempo. Acción con visión es hacer una diferencia positiva». ¡Bravo!

Los seis pasos de este truco que te ayudará a crear todo aquello que anhelas son:

1. La visión.
2. La estrategia definida como un conjunto de acciones para lograrlo.
3. Un plan de acción que incluya qué movimientos llevar a cabo, obstáculos posibles y necesidades para sacarlo adelante.
4. La acción que ejecuta el paso anterior, algo que erróneamente solemos hacer sin haber realizado todo lo anterior.
5. Una toma de datos, estadísticas y acciones que demuestre que el barco navega hacia el destino marcado.

6. La revisión de resultados y conclusiones que nos permitan saber si continuar con la planificación planteada o girar el timón.

Deseo finalizar con una historia inspiradora: hace muchos años, un niño se encontraba en un gran parque de atracciones en Estados Unidos. Cuentan que se acercó a un hombre mayor que estaba firmando autógrafos y posando en un sinfín de fotografías. Sin duda, era alguien admirado. El pequeño decidió acercarse y preguntar: «Señor, disculpe un momento. Sé que soy muy joven, pero puedo ver que ha tenido mucho éxito. ¿Qué me podría sugerir para ser como usted?». El anciano se quedó sorprendido y después de mirar al cielo se pronunció: «Haz estas cuatro cosas: piensa, cree en ti, sueña y atrévete». El niño le preguntó el motivo de ese orden. «Sencillo: porque yo construí todo esto de esa manera. Pensé en cómo hacer feliz a miles de niños, creí en mí, hice una maqueta en la que plasmé lo que hoy ves ante tus ojos y, por último, me lancé a ello». El niño no quiso marcharse sin preguntar el nombre a aquel hombre trajeado. Como ya habrás imaginado, se trataba de Walt Disney.

#LosTrucosDeLosRicos

Los ricos construyen empezando por el final. Esa imagen detallada en sus cabezas les da fuerza, motivación y claridad. La visión es clave para triunfar, mientras que las dudas y los temores son los ingredientes del fracaso.

@juanharo

Truco 15

Reciben ingresos como inversionistas

Empecemos explicando qué es un inversionista, ya que todos los ricos lo son. Si queremos utilizar sus trucos, antes debemos entender los conceptos. **Un inversionista es aquella persona que invierte en un negocio con el fin de obtener un retorno mayor.** Todos deseamos recibir ingresos por nuestras inversiones, y una forma de disminuir el riesgo de invertir es no olvidar que el peligro de una inversión disminuye y su potencial de rendimiento aumenta en la medida en que el inversionista mejora su educación financiera. Todos debemos ser inversores si queremos ser ricos. Para ello es importante conocer cómo cobrar de forma alternativa a la tradicional. Existen varios tipos de inversionistas y mi recomendación es que te identifiques como uno de ellos.

En primer lugar, están aquellos a los que les gusta tomar riesgos para obtener grandes ganancias en un período corto. Serían **los arriesgados,** aquellos que suelen invertirlo casi todo a una o dos opciones. Suelen perder capital y ganar bastante. Aquellos que son cautelosos con sus decisiones son **los moderados,** aunque lo cierto es que arriesgan en algunas de sus inversiones. Diversifican su capital en diferentes inversiones, logrando obtener rentabilidades medias. Por último, estarían **los conservadores,** aquellos que no corren casi ningún riesgo. Se piensan mucho cada inversión y buscan la seguridad constante. Logran rentabilidades bajas o medias.

Un rico no recibe la mayoría de sus ingresos a través de nóminas porque desea tributar menos impuestos y proteger su dinero. ¡Recuerda que les gusta la discreción! Saben que hay muchas formas de obtener ingresos y que una nómina tributa impuestos antes de que la reciban. Hacienda y la Seguridad Social cobran antes, algo que les molesta. Además, cotizan a un tipo muy alto si es una gran cantidad y existe la posibilidad del embargo. Esto no quiere decir que no tengan nómina, pero quienes la tienen juegan utilizando las leyes a su favor.

Podemos hablar de cinco posibles vías por las que los ricos reciben ingresos:

En primer lugar, se encontrarían los **dividendos,** aquellos beneficios que una empresa reparte entre sus socios. En lugar de tener una nómina alta, o incluso sin ella, muchos ricos quieren dividendos que cobran con una factura que emite otra de sus sociedades para poder desgravarse como gasto.

Por otra parte, estaría la **devolución de préstamos participativos.** Muchos ricos cobran ingresos a través de préstamos que realizan a sociedades en las que participan. Los beneficios generados los reciben como préstamos privados realizados a la sociedad. Esto les permite una ventaja fiscal al cobrar los intereses.

En tercer lugar, se encuentran los **diferentes tipos de inversión.** Mueven su dinero realizando múltiples inversiones, cuyos rendimientos cobran con facturas a través de otras empresas que controlan, como veíamos en el truco 12.

Los **alquileres de inmuebles** también son interesantes, abonando los inquilinos sus rentas en cuentas bancarias de otros países. Las tarjetas prepago les sirven para extraer el dinero.

Las **nóminas de allegados** son la quinta opción y otra forma de cobrar de empresas. La clave está en contar con nóminas de familiares directos que pueden evitar realizar la declaración de la renta al no tener grandes ingresos. Los jóvenes o las personas al borde de la jubilación son dos colectivos de interés a este respecto. Se trata de una forma de cobro legal.

La medida de la inteligencia es la habilidad para cambiar y

hay muchas formas de lograr nuestros objetivos. «El momento en el que decides crear una cartera de ingresos pasivos tu vida cambia», dijo una vez el inversionista estadounidense Robert Kiyosaki.

#LosTrucosDeLosRicos

Dedicamos miles de euros a nuestros negocios, además de esfuerzo, tiempo y energía. Los ricos conocen muchas formas de cobrar los beneficios logrados a través de técnicas creativas que pocos utilizan.

@juanharo

Truco 16

Tienen empresas buenas y malas

¿Empresas buenas y malas? Parece absurdo, pero los ricos las denominan así. Como todo truco, tiene su razón de ser.

Una **empresa buena** es aquella compañía inmaculada que deseamos proteger y exponemos mínimamente ante posibles sanciones o embargos. Es nuestro hijo jurídico, el lugar donde guardamos nuestro patrimonio. Funciona como un reloj y es nuestro mayor tesoro; cada movimiento es medido, todo está calculado para evitar sustos.

En el lado opuesto estaría una **empresa mala**, aquella que se crea para despistar. Suele utilizarse para avalar, sin contar con fondos importantes. Puede ser embargada en cualquier momento. Es una forma de protección. Prepararse para cualquier escenario es una premisa básica de los ricos.

El hecho de denominarse buenas o malas empresas no se refiere a que hagan el bien o el mal, sino al apego por parte del dueño: las empresas buenas son su reliquia, mientras que las otras sólo sirven para distraer.

¿Y entonces para qué tener una empresa mala? Lo entenderás con los siguientes ejemplos:

Imagina que deseas solicitar un préstamo al banco para usar en una empresa mala. Te pedirán que avales personalmente porque el negocio tiene poca actividad y nulo patrimonio. Antes de solicitar dicho préstamo decides adquirir un terreno rústico, con una tasación más manipulable que en el caso de uno urbano. El precio del terreno en una población a las afueras es de 20.000 euros, pero te lo tasan en 65.000. Lo adquieres a nombre de la empresa. Para el banco, la compañía pasa a tener un inmueble que vale 75.000 euros, aunque la realidad es que el precio ha sido mucho menor.

Lo siguiente es solicitar un préstamo de 40.000 euros y poner como garantía el terreno adquirido. En este caso no se avala personalmente. Una vez recibido el dinero, si el préstamo no pudiese devolverse el banco se haría con el terreno, que en realidad te costó 20.000. **No se trata de defraudar al banco, sino de estudiar cualquier escenario posible.**

Ahora piensa que tienes varios coches que son multados a nombre de una empresa mala. Algunos ricos deciden poner de escudo estas compañías y no pagar las sanciones. Al ser una empresa sin recursos no pueden embargar las cuentas. Es cierto que la compañía tendrá deudas con Tráfico, pero en trucos sucesivos verás cómo proceder.

Supongamos un tercer escenario de cara a una gran sanción por parte de Hacienda o de la Seguridad Social. Aunque tus abogados intentar recurrir la multa, al tratarse de una empresa mala no te importa pues no hay forma de que puedan embargar las cuentas bancarias. La sociedad no tiene patrimonio. No se trata de quién tiene razón ni de si la sanción es justa o injusta: hay muchas sentencias que no tienen ni pies ni cabeza, pero que al final prosperan y hunden a muchos autónomos, emprendedores y empresarios. Si utilizas este truco podrás sortear esta situación de forma legal.

Existen muchos motivos para usar empresas malas, pero siempre debemos actuar con la más absoluta moralidad. No hago apología de esquivar nuestras deudas, pero es conveniente plantear vías de escape ante cualquier injusticia.

Diez ventajas de tener empresas buenas:

1. No se exponen excesivamente. Son discretas.
2. Protegen lo que tienen dentro: inmuebles, patrimonio, activos...
3. Disponen de un balance saneado y no tienen grandes deudas.
4. Cuentan con la máxima transparencia.
5. Tienen su patrimonio más preciado.
6. Acogen los mejores modelos de negocio.
7. Cuentan con los mejores medios para preservar cualquier problema jurídico.
8. Todo movimiento es supervisado por asesores fiscales.
9. Presentan los impuestos a tiempo.
10. Tasaciones y valoraciones reales.

Diez ventajas de tener empresas malas:

1. Carecen de actividad y de empleados.
2. No tienen miedo a las sanciones o embargos.
3. Tasaciones y valoraciones distorsionadas.
4. No tienen patrimonio, salvo el que ellos manipulan.
5. Si algo no sale bien no supondrá grandes pérdidas.
6. Se pueden exponer sin necesidad.
7. Pueden solicitar concurso de acreedores si las deudas se acumulan.
8. Sirven para despistar.
9. Pueden servir de aval para diferentes operaciones.
10. La información real es inaccesible.

Mi deber es que conozcas estos trucos y puedas sortear cualquier trampa. El desconocimiento es el gran mal de esta sociedad. Cuando descubres diferentes caminos es mucho más fácil conseguir aquello que te propones. Cuando descubrí este truco me di cuenta de la gran distancia que existe entre ricos y pobres. Y no me refiero al dinero, sino al conocimiento.

Los ricos tienen asimilado el concepto de *mochila y de-*

saparecer. Si algo sucede utilizan los trucos para cerrar las puertas, colocarse la mochila y empezar de nuevo. La pérdida parece extrema, pero no es más que un espejismo. Ni luchan ni pelean por cambiar las cosas: utilizan el sistema a su favor. Guardan lo que quieren y se deshacen de lo que no les sirve. Me gusta esta frase del novelista francés Alejandro Dumas: «El bien es lento porque va cuesta arriba, el mal es rápido porque va cuesta abajo». Utiliza siempre los trucos para hacer el bien, pero si la injusticia te intenta atropellar haz uso de las empresas malas para protegerte.

#LosTrucosDeLosRicos

Ya lo decía Buda: «El conflicto no es entre el bien y el mal, sino entre el conocimiento y la ignorancia». Los ricos lo saben y lo utilizan a su favor.

@juanharo

Truco 17

Tienen sociedades e inmuebles con poderes y contratos privados

El ego está muy presente en nuestra vida: buscamos la supervivencia y competimos por estar siempre arriba. Los ricos lo controlan muy bien; no desean aparentar ni presumir, ni tampoco les importa que una empresa sea suya o no, por lo menos en el Registro Mercantil. No se vanaglorian de ser dueños de una o cinco casas, porque juegan al despiste. Me quedo con esta frase de Einstein: «Recortas y moldeas tu pelo, pero casi siempre olvidas recortar y moldear al ego».

Es cierto que en esta sociedad se compite por tener más que el vecino, ser dueños de todo y demostrar que somos propietarios. El ego nos vence ante un sistema creado para que te expongas y muestres tus cartas. Pero el rico las esconde, confunde y te enseña lo que quiere. Parece una cosa, pero es otra muy distinta. Podrías pensar que es un farsante, pero no es así. Despista para preservar su integridad y patrimonio, evitando ser derrotado. Como ya hemos dicho, hoy día vivimos sin intimidad: pulsas una tecla y lo descubren todo de ti. La mejor manera de ser rico es ofreciendo la menor de las informaciones, para lo que necesitas controlar tu ego.

Una vez conseguido, llega el momento de plantearse si queremos que el mundo sepa que tenemos un inmueble o una sociedad.

Ése es el dilema, aparecer o no en el Registro Mercantil o de la Propiedad. De igual forma, **uno puede ser el dueño sin tener que aparecer en los registros públicos a través de poderes y contratos privados.** Un poder es un documento público autorizado que permite a una persona o empresa designar a otra como su representante para que actúe en su nombre en determinados actos jurídicos.

Existe controversia sobre si es conveniente adquirir una casa con un contrato privado, sin pasar por el notario ni inscribir la vivienda o el inmueble en el Registro de la Propiedad. Los ricos utilizan este truco y por eso aparece aquí. Saben que al realizarlo de este modo puede aparecer una carga por parte del antiguo propietario, pero por diferentes motivos prefieren ponerlo en marcha.

Igualmente, un contrato privado también sirve para adquirir un 33 por ciento de una empresa, o el porcentaje que uno quiera, sin tener que ir a ningún notario ni pasar por el Registro Mercantil. Se realiza un poder a nombre del nuevo socio y se obtiene un porcentaje de la sociedad que permite operar. En caso de necesidad futura se puede elevar el contrato a público en cualquier notaría.

Ambas formas, poderes y contratos se utilizan para comprar inmuebles o sociedades, además de ser legales y útiles. Los ricos prefieren el anonimato, controlan el ego y no desean que la gente sepa lo que tienen o dejan de tener.

Cuando uno quiere adquirir inmuebles o crear/comprar una empresa no se plantea este truco. La mayoría opta por ir al notario y seguir el camino fácil. Otros utilizan los poderes y los contratos privados como una herramienta más. Y tú seguramente te estés preguntando **qué ventajas existen al utilizar este truco.** La primera es la rapidez a la hora de adquirir cualquier activo, ya sea una empresa o un inmueble. Es una forma de no tener que tributar por ello, aunque sigas siendo el dueño o propietario legal. Además de soportar menores gastos de registros y notaría, te permite ocultar qué empresas o inmuebles tienes, así como la posibilidad de elevarlo a público si, por ejemplo, llega un embargo de un tercero al inmueble adquirido.

Se trata de proteger tu patrimonio en caso de sanciones, embargos o deudas a la sociedad que has adquirido, de tener un poder que te permita manejar la sociedad como si fuera tuya y de poder vender las acciones de forma ágil y económica. Así mismo, podrías entregar parte del inmueble o de la empresa de forma inmediata, además de obtener liquidez de inversores privados.

En el caso de las sociedades, este truco se suele utilizar para iniciar una actividad con otros socios con mayor experiencia y poder económico. La clave está en que tú adquieres un porcentaje en forma de contrato privado para ver si encajas en el modelo de negocio. También se usa para probar un producto o servicio en una empresa operativa. Al adquirir un porcentaje de la sociedad mediante un contrato privado puedes hacer cambios con flexibilidad y costes menores.

La posibilidad de heredar o traspasar a terceros de forma menos engorrosa, además de la mayor facilidad y rapidez a la hora de modificar cualquier acuerdo en un poder o contrato privado, también suma puntos. Como hemos visto, utilizar este truco no quiere decir que no seas el propietario real, sino que te mantienes en un segundo plano. Se trata de otra brecha del sistema para ser más flexibles, ligeros y sobre todo más anónimos. **Pagar menos impuestos y proteger el patrimonio existente (al no aparecer en los registros) son dos razones clave para tener en cuenta este truco.**

Mientras que nos cuentan que los ricos presumen, tienen un gran ego y disfrutan mostrando sus riquezas, lo cierto es que suelen tener el ego controlado. No sentirse ofendido y liberarse de la necesidad de tener razón y ser superior son algunas máximas a entrenar para educar este mal contemporáneo.

#LosTrucosDeLosRicos

La persona que pierde su intimidad lo pierde todo. Los ricos siguen esta máxima: «No creas todo lo que veas, porque muchas veces no es real».

@juanharo

Truco 18

Tienen cuentas bancarias como autorizados

Este libro contiene muchos dilemas internos, entendiendo esto como un argumento formado por dos visiones opuestas. A mí me pasó cuando averigüé todos estos trucos. Las dudas son irremediables, sobre todo cuando nos planteamos lo que debería hacerse y lo que nos dicta la moral. Que ocurra esto es algo normal y necesario: normal porque la vida sin dilemas es aburrida, y necesario porque nos empuja a entender otras perspectivas, nos vuelve más inteligentes ante cualquier obstáculo. Al final, los trucos son herramientas que buscan mejorar tu vida.

La diferencia entre una cuenta titular y un autorizado es clara: el titular es el propietario de los fondos o el deudor de la operación en caso de operaciones de préstamo, mientras que el autorizado es la persona que opera en nombre del titular sin ser dueño de la cuenta ni tener repercusión fiscal. Los rendimientos de capital se le imputan al titular, no al autorizado, que puede hacer ingresos, disposiciones de efectivo, realizar transferencias y firmar talones, pero no tiene derecho a cancelar cuentas u otros productos a menos que disponga de un poder firmado. El autorizado no es el propietario de los fondos.

Se pueden utilizar las cuentas bancarias como autorizado por obligación o por deseo propio. En el primer caso, hablaríamos de contextos en los que por fuerza mayor no se pueda tener una cuenta a tu nombre, mientras que en el segundo lo haríamos de razones que pronto conocerás.

Existen miles de ciudadanos que no pueden tener una cuenta bancaria a su nombre porque en el caso de ingresar un solo euro les será sistemáticamente arrebatado. Son casos que se retrotraen a sanciones del pasado, multas, ejecuciones hipotecarias, sentencias o deudas bancarias. Hay muchos supuestos y una sola realidad: si entra un euro, desaparece. Son deudas que crecen sin límite. Por este motivo muchos no pueden ejercer como titulares. Es por eso que hay muchos ciudadanos que no necesitan más razones para utilizar este truco. Y después están quienes abren cuentas como autorizados por deseo propio...

Entre los beneficios de utilizar cuentas bancarias como autorizados destaca el anonimato al manejar una cuenta que parece de otra persona. Lógicamente, hay que tener en cuenta las repercusiones fiscales. El menor pago de impuestos es posible al colocar como titular a alguien que no gane más de veintidós mil euros anuales, quedando exento de declarar la renta.

La posibilidad de extraer el dinero rápidamente de una cuenta cuando su titular fallece nos permitirá ahorrar semanas de espera, además de prescindir del certificado de defunción. Gracias a la banca online podrás ser ágil y discreto.

Más allá de la posesión de tarjetas de crédito o débito como autorizado, bajo ningún concepto podrán bloquear una cuenta que te pertenezca para saldar el impago de una deuda. Podrás recibir dinero y donaciones encubiertas, lo que supone un ahorro, pero conlleva riesgos al estar ingresando periódicamente en la cuenta de un tercero. Esta opción la utilizan aquellos que no residen fiscalmente en España. **Conviene saber que no estás obligado a declarar los movimientos al ejercer como autorizado.**

Imagina que un familiar tuyo tiene un accidente que le impide salir del hospital durante meses. Necesitarías dinero para pagar sus gastos, pero no puedes acceder a su cuenta bancaria. Ésta es una situación habitual que hace que los ricos tengan cuentas con uno o varios autorizados. Así pueden disponer rápidamente de los fondos. Recuerda que hay que plantearse cualquier escenario posible.

#LosTrucosDeLosRicos

Los ricos saben hacer que las cosas estén a su favor cuando no lo parecen. Siempre estudian cualquier contingencia y se previenen. ¿Hacemos el resto lo mismo?

@juanharo

Truco 19

Aman el riesgo

Mi abuela Mina fue una gran mujer. Crio a diez hijos, se quedó viuda muy joven y supo contagiar a todos su particular visión de la vida. Tuve la fortuna de pasar con ella algunos años de mi adolescencia y nunca olvidaré la contestación que daba cuando le advertían que tuviese cuidado con posibles situaciones y determinadas personas. «Si el cielo se cae a todo el mundo pilla», decía sin perder la sonrisa.

No podemos vivir con miedo ni pensando en lo que va a suceder mañana porque siempre existirá la posibilidad de que el cielo se caiga. Nuestra obligación es seguir adelante con firmeza. Jamás vi a mi abuela quejarse, y tenía muchos motivos para ello; cuidar de tantos niños sin apenas recursos es una heroicidad. Nunca conocí una mujer igual, aunque mi madre es su vivo reflejo.

Este truco tiene que ver con la cualidad de sacar el lado bueno de las cosas y abrazar la incertidumbre. La educación que recibimos la mayoría de las personas viene condicionada por cómo está montado el sistema. A los ricos se les enseña a amar el riesgo para crear oportunidades, cuenten o no con dinero y tiempo. No se nos educa para fracasar ni se valora equivocarse porque para ello antes habría que arriesgar. Necesitamos sentirnos seguros mientras que los ricos buscan lo desconocido, donde reside su riqueza.

El lenguaje que utilizan los ricos es positivo e intentan —desde jóvenes— crear oportunidades en lugar de dejar que otros decidan por ellos. No hay mejor forma de educar que con el ejemplo, aprendiendo todo lo que pueden de sus padres. Son conscientes de que van a perder siete veces para ganar una, pero aceptan las reglas del juego y les encanta ver la vida así. Acierten o fallen, lo importante es lo que aprenden por el camino. ¡Qué más da el resultado si disfrutas de cada día! Por tanto, la clave está en arriesgar con cabeza para equivocarte cuanto antes, porque desde ahí surgirán las pequeñas victorias.

El mítico boxeador Mohamed Ali lo expresaba así: «El que no es lo suficientemente valiente para tomar riesgos no va a lograr nada en la vida». Quizá mi frase favorita a este respecto es la del fundador de Facebook, Mark Zuckerberg: «El riesgo más grande es no tomar ninguno».

Amar el riesgo controlado es la máxima de los ricos. Dedican un tiempo concreto a un proyecto: si funciona, lo sistematizan y ponen a un gerente para liderar la empresa y seguir creando más activos; si fracasa, lo cierran y abren otros. La tercera opción es venderlo. Lo que no hacen es ser presos de sus negocios, creando en poco tiempo mucha más riqueza.

Nos gusta fijarnos en lo que logran los demás y escapamos de los fracasos sin saber que serán éstos los que nos llevarán al éxito. Cuando hablo con multitud de ricos me doy cuenta de la cantidad de negocios que han intentado sacar adelante sin éxito, volviéndose más fuertes hasta dar con los negocios que acaban triunfando. Yo mismo he vivido con esta filosofía durante los últimos veintidós años. Nunca sabrás qué negocio, proyecto o inversión acabará funcionando porque el mercado es muy caprichoso; esta incertidumbre abre un abanico inmenso de posibilidades.

Te dejo con una historia que te hará pensar: érase una vez una familia de exitosos trapecistas. Los padres y sus tres hijos trabajaban en un circo de fama mundial. El menor se llamaba Luis y tenía trece años; aunque aún no hacía ningún número en el trapecio, ayudaba con la red de seguridad y apoyaba al resto de la familia. El padre estaba un poco preocupado al ver que el joven no hacía ningún intento de probar el trapecio, un día se acercó a él y le dijo: «Luis, pronto cumplirás catorce años. A tu edad, tus hermanos ya intentaban hacer algunos números en el trapecio. ¿Qué te ocurre?». El hijo, abatido, contestó: «Papá, es que abajo, en la arena, me encuentro seguro, pero cuando intento subir la escalerilla del trapecio siento miedo». El padre no titubeó: «Yo he sentido lo mismo que tú, y también le confesé a tu abuelo que tenía miedo, que no quería arriesgarme. Y entonces me dijo algo que nunca olvidaré: "Lanza tu corazón a la barra y tu cuerpo lo seguirá"». Para amar el riesgo y esquivar el miedo debemos poner nuestro corazón en todo lo que hagamos.

Si quieres medir tu nivel de tolerancia al riesgo te invito a que realices el test que encontrarás en la sección de ejercicios de la web del libro.

#LosTrucosDeLosRicos

Los ricos saben que si no están dispuestos a arriesgar tendrán que conformarse. Al arriesgar puedes acertar y conseguir una recompensa o equivocarte y obtener una lección.

@juanharo

Truco 20

Realizan inversiones/compras como aportaciones de capital y préstamos de socios

Primero veamos qué es una aportación de capital. Las **aportaciones de capital** a una sociedad son sumas pagadas en efectivo mediante transferencia bancaria o a través de bienes por parte de los socios o accionistas para poder formar parte del capital, mientras que los **préstamos de socios** a la sociedad se hacen con la intención de devolverse en un futuro. Ambas se utilizan a menudo en el mundo de los ricos.

Para ello, tanto si quieres realizar una aportación de capital o un préstamo de socios, lo primero será formalizar la entrega de dinero por escrito mediante un contrato de préstamo mercantil entre los socios intervinientes (prestamista) y la sociedad (prestatario). El contrato se puede recoger en un documento privado sin que sea necesario elevarlo a público ante notario. No obstante, si en el documento se articula algún tipo de garantía real será necesario formalizarlo mediante escritura pública.

Sea de los socios a la sociedad o a la inversa, el préstamo deberá reflejarse en un contrato donde se detallen los datos del prestamista y del prestatario, la cuantía máxima del préstamo junto al procedimiento de disposición en el caso de que no sea única, el tipo de interés devengado, el procedimiento de devolución y cálculo de las cuotas y, por último, la fecha de vencimiento.

Las nuevas aportaciones de capital dentro de la empresa pueden hacerse por parte de los socios ya existentes o dando acceso a nuevos accionistas al grupo directivo, lo que permitiría contar con la participación de muchas empresas que proporcionen bienes o dinero.

Un socio puede aportar valores que nosotros no tenemos y que serían muy costosos de conseguir de otra manera, como una gestión experta o una red de distribución de clientes, además de sinergias con otras empresas y proyectos. Esto se puede cuantificar en un contrato privado que se aporte a la empresa. Es otra forma de intercambiar riqueza entre la empresa, que aporta la figura jurídica, y el rico, que contribuye con dinero o recursos.

Entre **las ventajas de realizar aportaciones de capital y préstamos de socios a empresas** está la posibilidad de formar parte de una de ellas aportando un simple terreno; la protección de inmuebles, bienes o capital al invertirlos en una sociedad o varias; y la reducción de carga fiscal (ahorro de impuestos) al prestar dinero como socio. La participación en diferentes empresas prestando tus servicios, experiencia o dinero y la diversificación del riesgo patrimonial son otros beneficios relevantes.

Por otra parte, puedes hacer más opaco aquello que te pertenece, poner tu coche como aportación de capital a una sociedad participando de la misma o entrar en empresas que buscan financiación y engordar sus balances para ello.

El aplazamiento del pago de impuestos al dejar tu dinero a una sociedad como préstamo de socio te permitirá proteger de posibles embargos a personas físicas mediante un contrato privado. Hacer crecer una empresa dotándola de mayor fortaleza empresarial e imagen —de cara a los bancos y entidades de financiación— es otra consecuencia de este truco. El popular orador motivacional estadounidense Tony Robbins sentencia que «en la vida necesitas inspiración o desesperación».

#LosTrucosDeLosRicos

Los ricos buscan las opciones legales que les permitan conseguir sus objetivos a través de la puerta trasera.

@juanharo

Truco 21

Utilizan clubs de inversión para sacar más rentabilidad a su dinero

El dinero inmóvil va muriendo despacio, pero sin tregua. Los ricos lo saben y hacen que su capital esté siempre en movimiento. Me gusta comparar cada euro con un soldado: si tienes cien euros, piensa en cien soldados que tendrás que vestir, alimentar y poner a trabajar para no perder fortuna. ¿Y qué ocurre cuando tienes doscientos euros muertos en una cuenta bancaria? Que al cabo de un par de años tienes comisiones de mantenimiento y otros gastos asociados.

Uno de los culpables de que tu dinero valga menos es la inflación, el aumento generalizado y sostenido de los precios de bienes y servicios en un país durante un período de tiempo. Para quienes no quieran hacer un curso de economía, basta entender que, en condiciones normales, los países tienen inflaciones anuales que se sitúan entre el 0 y el 9 por ciento. El dato exacto suele calcularse según el Índice de Precios de Consumo (IPC), que es una forma de comparar situaciones reales, como lo que cuesta una cesta de la compra de un ciudadano promedio respecto al mes o año anterior. En la práctica, esto es una lista en la que se incluye el precio del pescado, la leche, las entradas de cine, el billete de metro, los alquileres y el coste de la electricidad. Es una aproximación realista que permite hacerse una idea de cuánto varía realmente la inflación. También es bastante manipulable, pero eso es otra historia...

La inflación es un fenómeno que indica que los precios suben. Es algo a lo que estamos acostumbrados porque lo vemos cada día. El dinero de hoy vale menos que el de ayer debido a que aquello que puedes comprar hoy es menos que lo que comprabas hace unos días con el mismo dinero.

Por ejemplo, ir al cine en la actualidad cuesta cerca de un 2.200 por ciento más que en 1967. Los precios se han multiplicado veintidós veces, aunque los salarios también han subido desde entonces. Si el precio de una entrada roza los ocho euros, podemos calcular que por aquel entonces hablaríamos de unos 0,35 euros, unas sesenta pesetas. Una buena regla para esto suele ser comparar los precios de cada época con los salarios de aquel momento a través del salario mínimo por hora o el sueldo mensual/anual promedio. Siguiendo con el ejemplo, si nos documentamos llegaremos a saber que el sueldo mínimo era de doce pesetas la hora, así que ir al cine costaba —más o menos— lo mismo que una hora de trabajo. Hoy día, ese salario mínimo es de unos cinco euros, con la entrada de cine cobrándose casi al doble.

Si en el año 2010 ahorraste mil euros y deseas saber a cuánto equivalen en la actualidad, te diré que a 1.109,54 euros, con una inflación media del 1,31 por ciento. Es decir, para comprar lo mismo necesitarías 109,54 euros más. ¡Tu dinero vale menos si lo dejas inactivo! En <dineroeneltiempo.com> podrás realizar diferentes simulaciones.

Existen dos tipos de inflación: la oficial y la real, siendo esta última aquella que notas cuando calculas cuánto han subido, respecto al año pasado, gastos como la luz, la gasolina o el alquiler de la vivienda. Es evidente: los datos no coinciden. Y aún falta que añadas la bajada de salarios y la subida de impuestos.

Nos acercamos a cifras de dos dígitos de inflación real si añades la subida de tus recibos o gastos comunes, el aumento de impuestos, la reducción de sueldos e ingresos y el mayor número de horas trabajadas. Si no le das más rentabilidad a tu dinero serás cada vez más pobre.

Por otra parte, podemos diferenciar dos formas de apalancamiento a la hora de invertir: la activa, que es aquella a la que accedes con tu capital y que requiere de conocimiento y experiencia para minimizar el riesgo de perder la inversión, y la pasiva, la que otros realizan por ti. Eso sí, el riesgo seguirá existiendo salvo que tengas referencias positivas de quien está invirtiendo en tu nombre.

El tiempo es el mayor activo y no debemos malgastarlo intentando ser expertos en todo tipo de inversiones. Soy un apasionado de la diversificación y me gustan por igual las inversiones activas y pasivas. De la misma forma en que uno no debe invertir todo su dinero en un único activo, tampoco debe renunciar a apoyarse en otros, como puede hacer mediante los clubs de inversión: **asociaciones de personas que depositan su dinero en un fondo común con el objetivo de lucrarse a partir de la compraventa de activos.** Podríamos decir que se trata de fondos de inversión privados con ciertas limitaciones.

Los ricos mueven parte de su dinero a través de este vehículo. Se puede invertir en ellos con cantidades dispares, recuperando el capital aportado en diferentes momentos como empresa o persona física. Sin duda, siempre es mejor hacerlo como empresa para preservar el anonimato y pagar menos impuestos.

Existen muchos tipos de clubs de inversión con los que aumentar nuestro dinero, ya sean inmuebles, la Bolsa, inversiones en negocios, criptomonedas, bitcoins e ICOs. Estos últimos lo veremos en trucos posteriores.

La obsesión de los ricos es tener el dinero trabajando mientras están en el cine, duermen o pasean. No podemos pasar por alto que muchos de estos clubs se basan en referencias. Por supuesto, hay un histórico de rentabilidades, pero sin confianza no existen: los ricos se pasan dicha información entre sí.

Entre las ventajas de los clubs de inversión está el hecho de poder participar en diferentes inversiones, tener tu dinero en movimiento de forma permanente y estar más protegido al dividirlo en varios clubs privados. Ten en cuenta que son procesos legales que cuentan con muchas formas de recuperar tu inversión. El mayor anonimato a la hora de formar parte de ellos, el poder aprovecharte del conocimiento de otros y el ahorro en tiempo son beneficios innegables, así como el acceso a inversiones mayores, la creación de contactos y la posibilidad de lograr mayores rentabilidades

Te invito a que visites <clubdeinversoreseninmuebles.es> para ampliar información de los clubs de inversión, además de dejarte dos frases. La primera, del empresario estadounidense Jean Paul Getty: «Prefiero ganar el 1 por ciento del esfuerzo de cien personas que el cien por cien de una sola». La segunda, del inversionista John D. Rockefeller: «Cuando mi limpiabotas invierte en Bolsa, yo lo vendo todo».

#LosTrucosDeLosRicos

Invertir y mover tu dinero son necesidades de los ricos; ahorrar y paralizar el dinero por temor a perderlo es una forma de seguir estancado.

@juanharo

Truco 22

Viven a través de sociedades

Vimos en los trucos 12 y 17 que los ricos son dueños de sociedades de terceros. Cada persona tiene derecho a tener todo a su nombre y a disponer de patrimonio, inmuebles, dinero y contratos a título de sociedades, pero también puede conducir un coche propiedad de la empresa, vivir como inquilino en casas cuyo titular es un negocio y pagar sus comidas con una tarjeta del trabajo.

¿Y por qué vivir a través de sociedades? En primer lugar, para que parezca que no tienes nada a tu nombre. También por cuestión de movilidad y ahorro al tributar por el Impuesto de Sociedades, que te permite muchos más gastos deducibles. Podrás tener contratos en los que terceros financien tu calidad de vida y evitar embargos, multas y sanciones al no aparecer en los escritos. La exoneración de responsabilidades al ser un simple consumidor, empleado o inquilino es una ventaja indudable, además de enfrentarte a menos inspecciones y llamar menos la atención. La facilidad para traspasar bienes, patrimonios o inmuebles de una sociedad a otra y el hecho de evitar la declaración de la renta si no llegas al mínimo exigido por la ley son otros de los beneficios de vivir a través de sociedades.

Recuerda que muchos trucos están conectados y que los comprenderás mejor cuando concluyas la lectura. Al hablar de vivir a través de sociedades no nos referimos exclusivamente a sociedades españolas, sino también a aquellas que puedas haber creado en otros países; los ricos tienen sociedades dentro y fuera del país.

Existe la posibilidad de no ser residente fiscal en España y moverte libremente por el mundo. Eso sí, no podrás permanecer en territorio nacional más de 183 días por año. Las ventajas son múltiples, ya que no tendrás que pagar impuestos vigentes en el país o hacer la declaración de la renta. Una manera de hacerlo sería vivir en España cinco meses anuales; sin embargo, la cuestión no es siempre tan sencilla, ya que hay que tener en cuenta otras cuestiones como el lugar donde radique la base de nuestras actividades económicas. En este sentido, la ley entiende como tal el país o comunidad donde se encuentre la mayor parte de tus inversiones, bienes, rentas o trabajo.

Para que una persona sea considerada residente a efectos del IRPF deberá darse una de las situaciones anteriores: o bien que viva en España, o bien que sea aquí donde residan sus intereses económicos.

Uno de los libros a los que más cariño tengo es *El mito del emprendedor*, de Michael E. Gerber. Este autor imparte habitualmente conferencias por Estados Unidos lanzando una pregunta al principio de sus ponencias: «Cuando un empresario monta un negocio, ¿qué es lo que quiere?». La gente levanta la mano y suele aludir a una mayor facturación y número de clientes. Entonces, Gerber tira al suelo el sombrero blanco que siempre le acompaña y enfadado exclama: «¡Mentira! ¡Lo que un empresario quiere en su negocio es calidad de vida!».

Y qué razón tiene; los ricos desean eso mismo poniendo en práctica todos estos trucos. Paso a paso vamos conociendo herramientas que tenemos a nuestro alcance y que pocos desean que utilicemos. Cuando tienes este conocimiento nada vuelve a ser igual, porque está en tu mano tomar el camino menos conocido para mejorar tu calidad de vida y la de los tuyos.

#LosTrucosDeLosRicos

Puede parecer que un rico sólo busca la riqueza infinita, pero cuando te acercas entiendes que sus acciones sólo buscan una cosa: mejorar su calidad de vida.

@juanharo

Truco 23

Utilizan el dinero en efectivo de nóminas de terceros

Uno de los aspectos clave de los ricos es su pasión por el efectivo al poseer ventajas incomparables sobre otras formas de pago. Algunas de ellas son su facilidad y rapidez a la hora de usarlo, la privacidad y el anonimato que supone, y saber lo que gastamos al desprendernos de él físicamente. La mayoría de la población ama las tarjetas, existiendo una media actual de cuatro por persona.

Poder controlar las finanzas de forma personal parece una necesidad intrínseca del ser humano; incluso con las criptomonedas aparecen los primeros billetes bitcoins que alojan en su interior una clave privada. Los Estados, países y Gobiernos desean regular cada euro, dólar o divisa para que nada impida el control fiscal y la evasión de capitales, legislando constantemente para saber dónde se encuentra cada billete o moneda.

Salvo que exista una cámara grabándote, nadie sabrá cuánto dinero te queda o cuánto le das a otra persona. El anonimato y la privacidad son dos elementos muy apetecibles, aunque esto no impida que expongas dichos ingresos en tu próxima declaración de la renta.

El efectivo es necesario para evitar el constante control de terceros sobre lo que hacemos con nuestras finanzas, para preservar la privacidad y para hacer frente a cualquier desastre financiero, como la quiebra de un banco o de un país. La posibilidad de realizar operaciones más rápidamente hace que todo el mundo adore esta forma de pago, más allá de las leyes que impiden entregar más de 2.500 euros si no es por transferencia. La facilidad de proteger tu patrimonio, vivir más tranquilos y poder realizar ciertos regalos o ayudas sin tener que rendir cuentas es otro de los beneficios de una vía que preserva la libertad de elección del individuo.

Esta clara preferencia de los ricos por el efectivo conlleva la búsqueda constante de nuevos métodos mediante los que conseguir los preciados billetes de forma legal. Si ellos manejan diferentes negocios y les encanta el efectivo, ¿cómo puedo disponer de él a través de la empresa?

Es cierto que muchos de los gastos, comidas y compras personales son pagados a través de la empresa; por ejemplo, si adquieres un aire acondicionado con la tarjeta de fidelidad de unos grandes almacenes y solicitas una factura a nombre de la empresa. Esta práctica no es nueva y se utiliza para disponer de efectivo. Lo mismo ocurre si cenas con amigos y repites el procedimiento; se trata de un trámite interesante fiscalmente porque reduces los beneficios de la empresa y el Impuesto de Sociedades.

¿De qué otras formas podemos obtener efectivo? Mediante las nóminas de ciertos colectivos. Muchos empresarios o emprendedores tienen negocios con un máximo de cinco empleados. Si además facturan bastante, necesitarán gastos para compensar los beneficios y pagar menos impuestos de forma legal. Un método que usan los ricos es realizar pequeñas nóminas a colectivos poco vigilados, siempre que no superen los veintidós mil euros anuales para que no tengan que realizar la declaración de la renta. Los colectivos más usados para estos fines son los jóvenes universitarios, los desempleados de larga duración o las personas a las que les quedan pocos años para jubilarse. Mientras que ellos obtienen una cotización mensual a la Seguridad Social, el empresario cobra la nómina en mano.

Lógicamente, existen incompatibilidades y riesgos que se asumen realizando este tipo de acciones. En el supuesto de una inspección deberán demostrar qué actividades está realizando dicho trabajador, teniendo que estar relacionadas con su experiencia profesional: o bien tratarse de gestiones mecánicas y de baja capacitación, como búsquedas en internet de empresas del sector mediante un estudio de los servicios que prestan, o bien realizar un listado de compañías del gremio en una comunidad determinada.

Las personas de dichos colectivos que se prestan a darse de alta en estas empresas firman una carta de cese o baja sin fecha para evitar posibles denuncias. Todo está milimétricamente orquestado; así, el empresario dispone de efectivo y paga menos impuestos. Además de esta fórmula, también es habitual el cobro de una parte de los honorarios en efectivo cuando no se requiere factura, algo que habrá que declarar después.

Aunque cueste creerlo, existen empresas que subcontratan todo y compañías dirigidas por una sola persona que deciden vivir con efectivo. Son conscientes de que podría salir mal, pero cuentan con buenos abogados y gestores. No tienen tanto miedo como cualquiera de nosotros porque su verdadero patrimonio lo tienen bien protegido y de forma anónima.

#LosTrucosDeLosRicos

Para los ricos no existen imposibles; saben que todo destino tiene un camino, aunque sea largo o poco transitado. Siempre se llega donde uno se propone si no existen excusas ni temores.

@juanharo

Truco 24

Ceden a una nueva sociedad el producto o servicio creciente

De camino al trabajo solía pasar por una calle donde había una casa en la que vivía un hombre con su perro. A la vuelta, le encontraba sentado delante de la puerta con el animal observando a todos aquellos que pasaban. Cada tarde lo veía aullar, como quejándose; una tarde no pude aguantar más y le pregunté qué le pasaba. «No se preocupe, es sólo que se suele sentar en un clavo», respondió el dueño sin la menor preocupación. Sorprendido, quise saber más: «¿Y por qué no se levanta y descansa en otra parte?». El dueño no tuvo duda: «Porque el clavo no le molesta lo suficiente como para que se levante y cambie de lugar». Y eso es lo mismo que nos pasa a las personas, que nos conformamos.

Existe una realidad que pocos conocen: los inspectores de Hacienda van a comisión, como si fuesen directores de bancos que trabajan por objetivos; les premian por sancionar. Poco importa si la multa tiene una base legal, saben que van a cobrar por abrir un expediente por lo que, si sufres una inspección, tienes un porcentaje alto de probabilidad de salir malparado.

Estas sanciones van en función de tus beneficios: a mayor facturación, mayor multa. Por tanto, el truco está en no facturar mucho en una sola empresa. Por otro lado, si Hacienda te debe un IVA que has pagado de más y solicitas una devolución, tendrás todas las papeletas para que te investigue. Los ricos lo saben y prefieren no hacerlo para evitar una visita poco amigable.

Los ricos actúan cumpliendo la ley y mostrando sólo aquello que les interesa. Si hay más probabilidades de multa a mayores beneficios, regulan la facturación y no permiten que la empresa reporte grandes ganancias. Como se suele decir: divide y vencerás.

Si tienes un producto o servicio que empieza a disparar los números, te recomiendo adquirir otra empresa para facturar con ella; así equilibras la situación y proteges el bien. Otra opción sería ceder la explotación a una empresa que se encargue de facturar y gestionar el producto mediante un contrato. Éste es otro método utilizado por los ricos para minimizar la carga fiscal y proteger el activo. **No olvidemos que todo lo que nos proporciona dinero es un activo y aquello que nos lo quita un pasivo.**

Las ocho ventajas de ceder un producto o servicio a una nueva sociedad son las siguientes:

1. **Apalancamiento.** Si cedes el producto o servicio a una empresa diferente podrás centrarte en otras tareas, siendo esta compañía la que se encargue de gestiones como el cobro, el envío y el servicio.
2. **Minimizar el riesgo de inspección.** Tu facturación será menor si tienes un servicio estrella. Cuando cedes este proceso a otra empresa comienzas a pasar desapercibido, enfrentándote a menos sanciones en caso de inspección.
3. **Reducción de impuestos.** Al tener menos beneficios podrás pagar menos.
4. **Anonimato.** Si cedes la explotación del producto estrella a un tercero podrás mantenerte al margen, ya que este acuerdo suele preservar tu privacidad mediante un contrato privado.
5. **Protección del patrimonio al no cargar bienes ni facturación.**

6. **Mayor flexibilidad.** Podrás cambiar la explotación de dicho servicio de una empresa a otra si hubiese problemas. Si sólo tienes una empresa y no utilizas este truco, será complicado encontrar otra salida...
7. **Posibilidad de testear.** Te permite probar el lanzamiento de un producto nuevo sin jugarte la imagen de marca.
8. **Evitar inspecciones y sanciones.** Recuerda que si tienes una empresa con grandes beneficios serás más proclive a sufrir inspecciones

Como estás viendo, los ricos saben protegerse sin que esto sea una cuestión de inteligencia o de trabajar hasta el agotamiento. De hecho, hay gente que gana diez veces más que tú echando menos horas laborales gracias a la estrategia que siguen, sus contactos y la combinación de estos trucos.

#LosTrucosDeLosRicos

Proteger lo que nos pertenece, minimizar la carga fiscal y buscar la mejor salida cuando se compliquen las cosas son algunas de las máximas de los ricos. No se trata de ganar, sino de tener una estrategia viable ante cualquier escenario.

@juanharo

Truco 25

Tienen sociedades satélites que no parecen estar vinculadas

Actividad frente a resultados. Otro aspecto que diferencia a los ricos es que no tienen una actividad frenética, teniendo tiempo para planificar, crear nuevas ideas de negocio, pensar y dar importancia a la estrategia. En una sociedad donde se premia el hecho de estar siempre ocupados, corremos el riesgo de no invertir tiempo en ser más inteligentes y trazar caminos de mayor éxito. Parecemos robots sedientos de tareas y esto nos impide escoger bien las pequeñas acciones que conducen a mejores resultados.

El naturalista francés Jeann-Henri Fabre realizó un interesante experimento con algunas orugas procesionarias, denominadas de esta manera por su tendencia a desplazarse en fila. Fabre colocó alimento en el centro de una maceta y dispuso a las orugas a la orilla del vaso; durante siete días, las larvas rodearon la maceta hasta que cayeron muertas por inanición, a pesar de tener la comida a unos centímetros. Desgraciadamente, muchas personas nos comportamos de la misma forma, siguiendo a algún líder carismático sin cuestionar qué es lo que persigue. Pensamos que estar constantemente activos nos hará llegar lejos.

En el truco anterior veíamos la importancia de evitar que la facturación creciese de forma alarmante y concluíamos que una de las soluciones era adquirir otras empresas. Continuando con dicha estrategia, te diré que los ricos adquieren sociedades satélites que no parecen estar vinculadas: **son compañías cuyos verdaderos socios no aparecen en el Registro Mercantil.** De este modo, es más difícil comprobar que existan facturaciones cruzadas o empresas vinculadas en caso de inspección, obteniendo únicamente datos de terceros. Sólo pueden acusarte si creas dos empresas donde aparezcan los mismos socios o administradores, ya que dejarías un rastro de facturación. En caso contrario, lo que tendríamos serían empresas con distintos dueños que parecen competir.

Otra vía es adquirir empresas satélites de otros sectores para después crear negocios en otros países que facturen a las anteriores como parte del plan. No se trata de algo ilegal: todas pagan impuestos y realizan actividades profesionales para clientes ajenos, facturando entre sí. Tampoco son tapaderas, simplemente se aprovechan de las leyes para crecer sin hacer ruido.

Las cuatro ventajas más relevantes de las sociedades satélites son:

1. **Diversificación del patrimonio.** Se reparte entre empresas españolas y de otros países, aunque todas te pertenezcan.
2. **Reducción de impuestos.** Se paga menos al facturar entre sí, imputar gastos y minimizar beneficios.
3. **Protección del patrimonio.** Si tienes un embargo o sanción puedes traspasar tus bienes.
4. **Mayores ingresos y cuota de mercado.** Al crear tu propia competencia el adversario se sentirá intimidado.

La fiscalidad y la protección del patrimonio son dos cuestiones imprescindibles para los ricos. Si ahorras un 15 por ciento al año en impuestos gracias a estas estrategias, eludirás casi dos meses de trabajo. Ésa es la diferencia entre saber o no saber: conocer o ignorar los trucos de los ricos.

Dos frases para invitarte a reflexionar sobre impuestos. La primera, del escritor Thomas Paine: «Hay dos clases de personas en la nación, aquellas que pagan impuestos y aquellos que reciben y viven de ellos». La segunda, del estadístico Milton Friedman: «Una sociedad que pone la igualdad por encima de la libertad acabará sin igualdad y sin libertad».

#LosTrucosDeLosRicos

Los ricos saben que el ahorro de impuestos proporciona una gran ventaja competitiva. Usan las leyes a su favor y minimizan el riesgo, logrando más libertad y menos cadenas.

@juanharo

Truco 26

Tienen en cuenta los ciclos económicos

André Kostolany fue un especulador y experto en Bolsa reconocido en todo el mundo. Una de sus frases estrella decía que «si en el mercado hay más tontos que papel, la Bolsa sube. Si hay más papel que tontos, la Bolsa baja». En el mundo de las finanzas todo está preparado para que pierdas si sigues a la mayoría.

Una de las enseñanzas más importantes de Kostolany es lo que denominaba ciclos económicos, que se dividen en tres fases de subida y otras tantas de bajada.

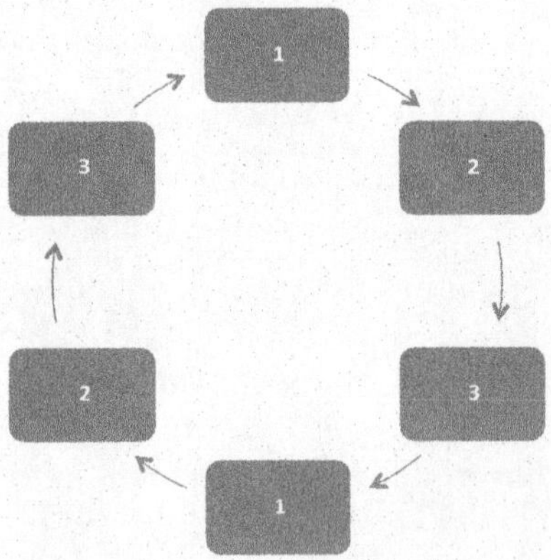

La fase alcista o de subida comienza con un primer nivel que nos sitúa a la salida de una crisis, con una economía que va cobrando fuerza; el nivel dos habla de una situación en la que la sociedad invierte porque hay dinero que gastar y los bancos ofrecen ayudas; tras lo que podríamos asemejar a una fiesta, el tercer nivel supone el agotamiento, el momento en el que toca retirarse. La subida y la bajada funcionan igual.

La economía está orquestada para que existan el ascenso y el descenso en épocas de crecimiento y dificultades en una especie de noria en la que los viajeros se endeudan, gastan e invierten sin tener en cuenta el día de mañana.

¿Recuerdas la crisis del año 2007 en el sector inmobiliario? ¡Cuántos expertos en economía afirmaban en los medios que la vivienda no podía bajar, que todos debíamos invertir en ella... y, en definitiva, endeudarnos hasta las cejas! Por aquel entonces los bancos prestaban dinero a todo el mundo en un ciclo alcista que culminó en 2008 con el inicio de un ciclo de bajada que continuó descendiendo hasta que en el año 2016 comenzó a ascender de nuevo.

A toro pasado es fácil identificarlo, pero necesitamos darnos cuenta de que el ciclo se repetirá con una nueva crisis financiera. En estos períodos los únicos que ganan son la banca, los ricos y los Gobiernos al pedir créditos. De hecho, el fallecido banquero español Emilio Botín decidió vender sus oficinas centrales en el año 2006 para irse de alquiler. Fue criticado por ello, pero un año después llegaron las dificultades. Sabía lo que hacía.

Estos ciclos afectan a productos, empresas, Bolsa, suelo e incluso relaciones interpersonales. Todo sube y baja. Qué importante es tener claro esto para no cometer locuras cuando todo parece de color rosa... Los ricos son conscientes de ello y guardan cuanto pueden como hace la hormiga antes de que lleguen los días difíciles en esa famosa fábula que comparte con la cigarra.

Los ricos saben que los ciclos económicos pueden utilizarse para pedir inversión y créditos, expandir sus empresas en tiempos de bonanza y cerrar negocios cuando llega la tormenta. Invierten en inmuebles y en Bolsa en épocas de subida, venden y cierran posiciones cuando les conviene e incluso gastan fuera de

España si se complica la cosa. Saben lo beneficioso que es potenciar las ventas en la segunda fase de crecimiento.

Se trata, en definitiva, de utilizar los ciclos a tu favor. Siempre existen oportunidades. En vez de dejarnos arrastrar por las noticias, la clave es identificar en qué fase nos encontramos; esto nos dará más libertad y una gran oportunidad de actuación.

Entre los indicadores que nos permiten saber en qué momento estamos se encuentran la situación del desempleo, el número de agencias inmobiliarias, la tendencia en cuanto a la venta de automóviles y viviendas (infórmate del tiempo medio en el que se venden), el dinero que presta la banca, la cantidad de negocios que abren o cierran y el número de grúas que ves en las ciudades.

El objetivo es que asignes un número al momento en el que te encuentras. Si estás en la fase tres de subida significa que la fiesta concluirá pronto: vende, deja de endeudarte y cierra posiciones. Si estás en la primera, compra e invierte, porque se avecinan importantes aumentos de precio...

Si te sitúas en la fase dos de bajada, aguanta. Es una tormenta que acabará pasando. Los ciclos nos recuerdan que todos viviremos épocas de crecimiento y de crisis. A nosotros nos toca saber cómo responder para aprovechar cada situación. Decía el inversor y experto bursátil Warren Buffett que «debemos intentar ser temerosos cuando otros son codiciosos y codiciosos cuando otros son temerosos».

#LosTrucosDeLosRicos

A todos nos afectan los ciclos económicos. Unos no prestan atención y otros, como los ricos, estudian sus fases, obteniendo una gran ventaja al aprovecharse de las crisis y de los crecimientos económicos.

@juanharo

Truco 27

Ceden los derechos de explotación de sus inmuebles

En algunos países de África existe un método curioso para atrapar monos. Distintas tribus lo usan porque sólo requiere de redes y un puñado de cacahuetes que entierran en agujeros en los que los animales meten la mano, tras lo que son apresados. ¡Y todo porque el mono renuncia a dejar los cacahuetes y emprender la huida a pesar de verles llegar! Eso mismo sucede con el ser humano, que prefiere vivir atrapado antes que ser libre.

Debemos reconocer que donde invierten los ricos (y el resto) es, sobre todo, en inmuebles, un activo tangible que suele subir (y bajar) de precio de forma regular. **La posibilidad de recibir rentas o alquileres supone una doble ganancia.** El 80 por ciento del patrimonio de los españoles se encuentra en su vivienda habitual y/o en una segunda residencia.

En el truco 24 veíamos cómo los productos o servicios eran cedidos a un tercero, algo que se repite con los inmuebles por diferentes motivos. Lo cierto es que es indiferente que seas propietario de uno o varios de ellos pero, en el segundo caso, lo mejor es que diferentes empresas los exploten. Lo más inteligente es firmar un contrato con una empresa que podría ser tuya (algo que pocos saben) donde cedas la explotación o gestión del edificio. Puede parecer que pierdes el control del activo, pero sales ganando.

¡Y no sólo hablamos de inmuebles! El exjugador del Real Madrid, Raúl González, así como otras muchas personalidades, ceden los derechos de explotación de su imagen a una empresa que muchas veces es suya con el fin de apartarse y ahorrar impuestos. Todo el procedimiento es legal y sólo tiene ventajas.

Entre los beneficios de ceder la explotación de inmuebles o los derechos de imagen a una empresa se encuentra la mayor protección ante sanciones o denuncias, alegando que la explotación del inmueble la gestiona otra sociedad. Se eximen de responsabilidad cuando, por ejemplo, sancionan a un propietario porque no tiene licencia de alquiler turístico. Es más sencillo defenderse ya que la responsabilidad recae sobre la sociedad que explota el inmueble y no sobre el propietario real.

El ahorro de impuestos y la posibilidad de desgravarse gastos se suma a la protección de su patrimonio al delegarlo en terceros. También evitan un aumento de renta al no recibir ellos mismos los ingresos y se defienden mejor al ser una empresa quien da la cara. En el caso de prohibiciones o sanciones por incumplir las licencias de viviendas para explotarlas como alquiler turístico es mucho más sencillo eludir la multa, aumentando el valor del inmueble en caso de venta al existir una empresa que se encarga del rendimiento del mismo, conociéndose mejor los gastos e ingresos.

Además, se puede traspasar la gestión de los inmuebles según convenga, una opción sumamente interesante si un banco quiere ejecutar la hipoteca; al existir más intervinientes con inquilinos el proceso se complica. Cabe resaltar que incluso ceden la explotación de su domicilio firmando un contrato de alquiler con una empresa que seguramente les pertenezca.

#LosTrucosDeLosRicos

Querer administrarlo todo, aparecer en todas partes y explotar la casa donde vives o la de verano te expone. Los ricos prefieren ceder para que sean otros quienes lo exploten o gestionen.

@juanharo

Truco 28

Los ricos se apalancan en otras empresas del mismo sector al comenzar

Está de moda (muchas veces por necesidad) lanzarse a emprender, lo que supone un salto gigante tanto si se trata de una primera incursión en el mundo laboral como si se lleva a cabo tras muchos años de trabajo por cuenta ajena. Como en el resto de trucos, tienes la senda común que sigue la masa y el camino menos transitado. Lo más habitual en este caso es solicitar un crédito o aportar los ahorros personales. Frente a esto, los ricos apuestan por apalancarse en una organización, es decir, utilizar el capital de terceros en vez del propio. **Así podrás empezar a facturar de forma inmediata, con menos riesgos y recursos, ya sea como socio o con porcentaje sobre los beneficios.**

Como socio quiere decir que creas un departamento, una división, una línea nueva de productos o servicios en una empresa viva que pone los recursos y en la que tú aportas el trabajo, la idea, los contactos y el producto o servicio. Ambos ganáis y sois socios del nuevo negocio. Es una forma de ponerte a prueba y de comprobar lo que vas a ofrecer al mercado: si sale bien, todos ganáis; si sale mal, el daño no es profundo al tratarse de una estructura creada con anterioridad. La empresa se forma a los noventa días de probar el servicio con un capital facturado por ti.

Con porcentaje sobre los beneficios se prescinde de empresa, haciendo uso de un contrato privado y pactando unos rendimientos a repartir entre la empresa y tú. El riesgo vuelve a ser mínimo. La empresa pone los recursos humanos y tú la idea.

Entre las ventajas de arrancar una actividad o negocio apalancándote en otra empresa está el hecho de empezar con pocos euros, dar a conocer tu producto a los clientes que ya tenía la empresa y la posibilidad de escuchar al mercado antes de arriesgar tu capital. No te endeudas, cuentas con un equipo y te apoyas en una estructura con la que lanzar tu negocio al mundo con rapidez. Además, puedes contar con una serie de personas que te aportan ideas, una ventaja fiscal al prescindir de empresa propia y el placer de cobrar inmediatamente a los clientes. El anonimato, el testeo del producto en el mercado y la opción de poner más capital en la empresa asociada son otras de las ventajas de un proceso que permite autonomía al fijar las condiciones en un contrato previo y el aumento del radio de acción, aunque eso suponga la división de beneficios.

Los ricos crean dinero sin él. Los nuevos empresarios deben estudiar los diferentes caminos para alcanzar un objetivo. A la hora de emprender creemos que las estrellas van a estar alineadas a nuestro favor y que tenemos los conocimientos necesarios para empezar, pero la realidad es que necesitamos apoyarnos en otros. Ésa es la forma más segura de que la vida te ponga en tu lugar. Si aciertas, el mercado te dará la razón y aunque compartas la gloria con una empresa aprenderás una lección de vida; si fracasas, te repondrás enseguida al no haber arriesgado capital.

Y no nos olvidemos de la humildad. Cuando empezamos un proyecto o creamos una empresa, a menudo nos creemos insuperables. Y, de repente, te das cuenta de que nadie quiere comprarte. Si empiezas paso a paso podrás modificar tu estrategia sin morir en el intento. En la web del libro encontrarás un audio con varios ejemplos de apalancamiento al comenzar un negocio. Recuerda que la vida te regala cada día un cheque de veinticuatro horas que tú decides cómo usar. Escoge bien a quién dedicas tu tiempo, porque nunca volverá.

#LosTrucosDeLosRicos

Crear empresas o negocios puede parecer difícil al necesitar muchos recursos, pero puedes hacerlo con muy poco. Los ricos lo saben: la clave es el apalancamiento.

@juanharo

Truco 29

La marca y la empresa son diferentes

¿Qué suelen hacer los autónomos al montar un negocio? Generalmente, utilizar la marca y el nombre de la empresa sin distinción: Ordenadores Gómez factura a nombre de Luis Antonio Gómez como autónomo o como la compañía Gómez S.L.

Es importante conocer la diferencia entre marca y empresa. La primera es tu imagen, tu nombre; por ejemplo, Muebles Gandía. Tu web forma parte de ella y cuando coges las llamadas lo normal es que la menciones. La empresa, sin embargo, es la razón social, quien emite las facturas. Los ricos intentan que no exista relación entre ellas; una marca podría ser La Universidad del Éxito y una empresa Claves y Valores S.L. ¿Quién podría decir que están vinculadas?

En el apartado de ejercicios de la web <Lostrucosdelosricos.com> encontrarás los doce mandamientos de los ricos. El primero es estar preparados para todo. Si esperas lo mejor te anclarás a un supuesto ideal, mientras que si también contemplas lo peor podrás salir airoso de las complicaciones. Ésta es la verdadera razón para diferenciar marca y empresa; si te denuncian, embargan o sancionan irán contra la empresa, pero la marca no se verá afectada y podrás seguir facturando mediante una sociedad diferente. De este modo, no se ven comprometidos los nuevos ingresos. Como ves, los ricos siempre tienen un plan B: registran la marca como propiedad de la empresa con la potestad de vender o ceder la marca a un tercero si ocurriera algo.

Las ventajas son claras. Facturar desde diferentes empresas a una misma marca, que ésta tenga identidad propia y no se la vincule a una misma sociedad, y proteger el negocio para poder seguir facturando mientras se resuelven los problemas con la sociedad son tres de ellas. Tener la posibilidad de vender o ceder la marca a otra empresa del mismo dueño, protegiéndola de problemas que puedan afectar a la continuidad del negocio, es importante. Además, así se evita que se persiga a los clientes si hay imprevistos, una práctica común para desviar los pagos a una entidad que reclama una deuda.

Es importante recordar que siempre puedes cambiar el nombre de una empresa, pero ten en cuenta que no es conveniente que sea el mismo que la marca que estés utilizando. Si tienes un negocio cuya denominación es similar a la marca, te invito a modificarlo acudiendo a comprobar su disponibilidad en el Registro Mercantil y a realizar el cambio correspondiente en una notaría, así como su correspondiente inscripción.

Si eres autónomo y no tienes una marca te sugiero que crees una y separes a tus clientes de tus facturas emitidas con nombre y apellidos, porque si tienes un problema tu negocio se verá afectado. **La clave es diferenciarse.**

Dice el refrán que «hombre precavido vale por dos», a lo que añadiría una frase del actor y escritor alemán Till Lindemann según la cual «con el tiempo uno se vuelve más precavido». Y ésa es la diferencia con los ricos, siempre listos para actuar de la mejor manera para proteger su patrimonio.

#LosTrucosDeLosRicos

Los ricos miran las cosas desde otra perspectiva, con unas gafas especiales que les permiten focalizar y obtener aquello que desean.

@juanharo

Truco 30

Utilizan objetos sociales amplios

Los ricos empiezan con una empresa para acabar teniendo varias. **El objeto social es el conjunto de actividades que va a desarrollar la sociedad, pudiendo ser posible, lícito y determinado.** Ten en cuenta que no sirve poner cualquier cosa; si no se redacta correctamente, el Registro Mercantil rechazará la inscripción de la escritura, lo que supondrá que la empresa no estará constituida.

En el objeto social de una empresa se pueden incluir múltiples actividades que no deben estar relacionadas necesariamente entre sí. Por ejemplo, una misma empresa puede incluir en su objeto social las actividades de desarrollo de software, formación y promoción inmobiliaria. Lógicamente, este aspecto es relevante para poder facturar correctamente; el hecho de cobrar a través de servicios realizados minimizará los impuestos, generando mayores beneficios.

Por este motivo, los ricos constituyen empresas con objetos sociales lo suficientemente amplios como para poder emitir facturas que correspondan a multitud de actividades. Imaginemos que una empresa de cosmética tiene diferentes franquicias en varias ciudades; lo suyo sería que le cobrase un determinado importe a cada una en concepto de *royalties*, pero gracias a que su objeto social es amplio podría facturar como asesoramiento o formación impartida. Si únicamente hubiese puesto en su objeto social la distribución de productos de cosmética, no lo habría podido hacer.

Y no sólo se utiliza en el caso citado. Si una empresa debe dinero a uno de sus socios, podría facturar servicios gracias a un objeto social amplio y flexible, algo legal que permite agilizar ingresos y gastos. Para ello se adquieren diferentes empresas con variados objetos sociales que se facturan entre sí, siempre con cuidado de no hacerlo de forma cruzada para evitar ser acusados de evadir impuestos a través de empresas vinculadas.

Eludir es legal, evadir no. Mientras que lo primero se refiere a utilizar el conocimiento de las leyes en beneficio propio, lo segundo es delinquir y está penado. Recuerda siempre elegir bien: el desconocimiento de las leyes no te exime de su cumplimiento.

El conocimiento es la clave: puedes tenerlo o contratarlo, como hacen las grandes multinacionales. El inspector fiscal Ignacio Fernández Fernández controlaba los aspectos fiscales de Inditex y sabía perfectamente qué leyes aplicar para minimizar los impuestos. Por su parte, el que fuera inspector y secretario de Hacienda, Estanislao Rodríguez Ponga, hoy presta sus servicios para BBVA.

Quien en su día fuera jefe de inspección en Vigo, José Antonio Gil del Campo, presta sus servicios en la mayor empresa de abogados de Europa: Garrigues. La moraleja es que los ricos cuentan con los mejores para minimizar los impuestos y maximizar sus beneficios.

Decía el profesor Karl Popper que «la verdadera ignorancia no es la ausencia de conocimientos, sino el hecho de rehusarse a adquirirlos». El escritor Eric Hoffer, por su parte, afirmaba que «quienes están abiertos al aprendizaje se adueñarán del futuro, mientras que aquellos que creen saberlo todo estarán bien equipados para un mundo que ya no existe».

#LosTrucosDeLosRicos

Los ricos se reinventan una y otra vez, saben que el éxito es efímero y que los negocios son como una noria; el resto piensa que todo es eterno. Y la clave está en volver a empezar y no dejar de superarse.

@juanharo

Truco 31

Utilizan centros de negocios

Muchos empresarios que están comenzando sus carreras suelen poner su casa como lugar de trabajo, algo habitual en esta época en la que el teletrabajo está en auge. Numerosas pequeñas empresas, autónomos y emprendedores dan de alta su oficina en su domicilio o en un local cualquiera, algo que evitan los ricos, al menos con todos sus negocios.

Es normal que si tienes una tienda en la calle Alcalá la registres como sede de tu empresa, pero recuerda la importancia de proteger tus mayores activos. Si la compañía crece, lo normal es que no esté en un espacio accesible con el objetivo de evitar la visita de un inspector. No puedes proteger algo que está a la vista de todos. Con esto, no te estamos diciendo que seas un delincuente o que ejerzas una actividad fraudulenta; estamos hablando de prevenir en vez de curar.

Cada vez existen más inspecciones, sanciones y embargos. Mientras que hace años no era posible que un inspector entrase en tu lugar de trabajo y se llevase tus ordenadores, en la actualidad puede ocurrir sin tan siquiera una orden especial. Tienen el poder de hacerlo y son premiados por el mero hecho de abrir diligencias. Aunque tengas los mejores gestores, siempre habrá algún requisito que no cumplas; los ricos lo saben y en vez de luchar contra ello intentan protegerse. Por todo ello no es conveniente que una empresa de tu interés tenga la sede en un lugar accesible.

Los centros de negocio son utilizados para domiciliar sociedades; algunas facturan poco y otras cientos de millones, pero si llega un inspector no encontrará material que llevarse ni trabajadores. Esto permite preparar una defensa que de otra forma no sería posible.

¿Y qué hacer si tienes un local con diferentes trabajadores? Pues lo mismo que los ricos: utilizar dos empresas. En una se domicilia un centro de negocios donde resguardar tu patrimonio y facturación prioritaria, y en la otra se sitúa la sede en la que trabaja el equipo humano pero escasean los bienes. ¡Se trata de saber colocar las piezas del tablero!

En la mayoría de centros tienes múltiples servicios para crecer o pasar desapercibido. Desde la domiciliación de una sociedad hasta la recepción de correo o llamadas, pasando por la utilización de despachos y salas de reuniones en las que realizar formaciones pagando únicamente por el uso que haces o el pago de una cuenta periódica.

Enumeremos las diez ventajas de este truco:

1. **Movilidad.** Puedes trasladar la empresa de un centro de negocios a otro.
2. **Privacidad y anonimato.** Nadie sabrá quién trabaja o dirige la empresa.
3. **Para autónomos y empresas de cualquier tamaño.** No importa lo que factures.
4. **Protección del patrimonio.** Te permite un mayor margen de maniobra al poder preparar tu defensa en caso de una visita indeseada.
5. **Evitar inspecciones y, por tanto, sanciones.** Siempre es más complicado examinar una empresa domiciliada en un centro de negocios que hacerlo en una oficina.
6. **Flexibilidad.** Te permite contratar en función de tus necesidades.

7. **Mayor ahorro.** Puedes subcontratar servicios según los necesites, como una sala formativa o un número de teléfono donde recibir llamadas.
8. **Muestras lo que quieres.** Cuanta menos información des en una inspección, mejor. Si abres las puertas de tu oficina o domicilio estarás aportando datos que podrán ser utilizados en tu contra.
9. **Cientos de sociedades conviven en un solo centro de negocios.** Esto te permite pasar más desapercibido.
10. **Cuestión de imagen.** Con una simple cuota puedes ofrecer un aspecto profesional que de otra forma no podrías conseguir.

Te invito a visitar la sección de artículos de la web del libro <Lostrucosdelosricos.com>, donde podrás documentarte sobre una tendencia preocupante: los *johatsu* japoneses.

#LosTrucosDeLosRicos

El silencio, la invisibilidad y la discreción son armas que utilizan los ricos para vivir más cómodos. Aparentar, alimentar el ego y dar demasiada información es jugar en nuestra contra.

@juanharo

Truco 32

Les gusta cobrar en bienes

El mundo de los ricos es distinto gracias a su forma de pensar y a la búsqueda constante de caminos alternativos. Hasta para cobrar son diferentes: como hemos visto, la última opción que eligen es hacerlo a su nombre, conocen otras opciones más rentables.

Si alguien tuviese que cobrar 65.000 euros, el fisco se quedaría con el 45 por ciento al facturar a su nombre. El interesado sólo vería 35.750 euros, siendo el resto para el Estado. Lo que mucha gente no sabe es que de esos 65.000 euros se podría tributar una mínima o nula cantidad. Y ahí está, de nuevo, la diferencia entre saber e ignorar. Si una empresa propia cobrase la deuda a través de servicios prestados, podría tributar desde cero hasta un máximo del 25 por ciento, muy lejos de ese 45 por ciento.

Otra forma de reducir la pérdida es comprando un coche nuevo para tu pareja o tus hijos. Cierto es que para la empresa es un gasto, pero le resulta interesante fiscalmente y no es un mal regalo. Ahora entiendes que los ricos tengan coches caros, ¿verdad? Es todo un juego de números más que de vanidad.

No es casualidad que muchos de ellos cobren a través de sociedades con diferentes facturas, y es normal que te preguntes cómo lo hacen los socios. La realidad es que **las sociedades no**

suelen distribuir los beneficios de la explotación en forma de dividendos. Lo normal es que los rendimientos no lleguen a aparecer en las cuentas con el objetivo de pagar menos impuestos, retribuyendo a los administradores con generosidad, efectuando pagos por servicios ficticios o muy bien remunerados y utilizando gratuitamente el patrimonio social, condonando irregularmente los dividendos pasivos.

Los ricos contemplan cuatro formas de cobro: la primera, en forma de bienes (regalos), donde se incluirían las joyas, antigüedades, bitcoins, vehículos o viajes. Después están las sociedades propias mediante las que se emiten facturas dependiendo de los balances, seguido del pago a empresas a las que deben dinero mediante un tercero que hace frente a una deuda pendiente con ellos, liberándoles así de tributar a Hacienda. Por último, cobran directamente a sociedades patrimoniales con la adquisición de locales, apartamentos y oficinas.

El psicólogo Erich Fromm dijo algo muy cierto: «La creatividad requiere tener el valor de desprenderse de las certezas». Los ricos disponen de esa virtud para conseguir sus propósitos, tomando distintos caminos para descubrir adónde les llevarán.

#LosTrucosDeLosRicos

Einstein decía que «la creatividad es la inteligencia divirtiéndose». Los ricos la utilizan para cobrar a través de múltiples y curiosas formas.

@juanharo

Truco 33

Compran la explotación de inmuebles a empresas

Uno de los aspectos más interesantes de los inmuebles es su doble rentabilidad: por los beneficios mensuales generados al alquilarlos y por su revalorización en épocas de crecimiento económico. La mayoría piensa que para obtener ingresos a través de un inmueble debes adquirirlo, pero no es así.

Los ricos adquieren los derechos de explotación durante unos años determinados. Existen empresas que hasta se hacen con inmuebles llenos de deudas: tienen su propiedad, pero los ceden a cualquiera que desee hacer negocio. Imagina que te ceden la explotación de cinco apartamentos en Valencia por 24.000 euros durante tres años. Si hacemos números, es una operación rentable: alquilando cada uno de ellos a 400 euros, supone unas rentas brutas anuales por vivienda de 4.800 euros durante el tiempo acordado, lo que significa un total de 72.000 euros. ¡La rentabilidad prevista asciende al 200 por ciento!

Existen dos formas de adquirir la explotación de inmuebles: una, mediante contrato privado, y otra, adquiriendo la sociedad que tiene esos activos mediante la venta de participaciones en notaría. En este último caso sí seríamos los dueños. Esto se suele dar porque hay deudas asociadas a los inmuebles que terminan en un proceso de ejecución hipotecaria pero hasta que ese momento llegue puedes alquilarlos y cobrar. Para ver un ejemplo práctico de este caso te aconsejo visitar el apartado de ejercicios de la web del libro.

¿Y por qué no hace eso mismo el propietario actual en vez de compartirlo con terceros? Esto funciona como la banca: seguramente el dueño tiene otros inmuebles en diferentes sociedades que habrá comprado por cantidades pequeñas, siendo su negocio apalancarse en otros para mover el dinero en vez de limitarse a alquilar. Ésta es la razón por la que prefiere que el último euro se lo lleve otro. Mentalidad inversora.

¿Y qué ocurre si no los alquila? Antes de tomar una decisión habrá estudiado la demanda de alquiler en la zona y jugará con un margen de error de inmuebles sin alquilar en torno al 25 por ciento. Si los números son positivos, dará el paso. **En toda operación hay un porcentaje de riesgo, algo que —de forma calculada— atrae a los ricos.**

Es probable que quien apueste por esta operación se apoye en un amigo que alquila inmuebles con regularidad y que participará en el reparto de beneficios, diversificando. Estas personas poseen los edificios durante un tiempo y saben cómo exprimirlos. No olvides que estamos de paso y que no nos llevaremos nada al otro mundo. Usar y tirar, filosofía clínex.

Entre las ventajas de este truco podemos encontrar el no tener que pagar la comunidad al no ser el propietario real, la alta rentabilidad de este tipo de operaciones en un espacio limitado de tiempo y la posibilidad de explotar varios inmuebles con un capital pequeño, sin tener que dar su totalidad para adquirirlos. Además, la misma empresa que vende estos activos ofrecerá más opciones a lo largo del tiempo, lo que significa más posibilidades de inversión. Podrás mantener el control de diferentes activos sin figurar como dueño, pagar menos impuestos al introducir los gastos que supone la puesta en marcha del alquiler de viviendas y delegar a un tercero la explotación de los inmuebles o bien vender de nuevo la sociedad.

Decía el escritor y empresario Robert Kiyosaki que «los ricos se centran en su columna de activos, mientras que todos los demás lo hacen en su columna de ingresos».

#LosTrucosDeLosRicos

Para los ricos, los inmuebles son piezas que hay que mover para generar ingresos constantes y pasivos. Conocen el juego del dinero.

@juanharo

Truco 34

Siempre coexisten dos variables: protección y rentabilidad

Una vez que hayas asimilado los trucos de los ricos podrás observar que actúan basándose en la protección y la rentabilidad. Primero protegen su patrimonio y después revisan lo que van a obtener. Eso sí, no les interesa ganar dinero si es fácil perderlo. No quieren exponerse inútilmente porque conocen miles de casos donde la justicia no ha imperado, situaciones que han supuesto que muchos empresarios hayan perdido el esfuerzo de muchos años de trabajo.

Imagina que has tardado nueve años en reunir cuarenta mil euros. Los tienes en el banco y presupones que nada malo te puede pasar hasta que suena el teléfono y una voz te comunica que te han embargado la cuenta y que ese dinero ya no te pertenece. Da igual que sea por la denuncia de un vecino, por una multa de Hacienda o por un impuesto impagado; los ricos saben que esto puede suceder, por eso mueven su patrimonio y dedican tiempo a protegerlo. Protección y rentabilidad: las dos caras de la moneda. La rentabilidad tiene a su vez dos fines: reducir los impuestos y la búsqueda constante de oportunidades de inversión.

Los ricos conocen muchas formas de pagar menos impuestos y las utilizan. Saben que las leyes cambian y actualizan sus negocios a las nuevas normativas para lograr maximizar beneficios.

En cuanto a las oportunidades de inversión, no dudan en descartar aquellos negocios nuevos que no ofrecen buena rentabilidad. Son pacientes y saben que llegarán mejores opciones, incluso en períodos de crisis.

Te contaré una historia para que entiendas mejor su forma de pensar: el señor Singh entra en un banco de Londres y pide un préstamo. Explica que se va a Europa por negocios durante dos semanas y que necesita cinco mil libras. El empleado le dice que necesitará algún tipo de aval para el préstamo, así que el señor Singh entrega las llaves de un Rolls Royce que cuesta un cuarto de millón de libras. «El coche está estacionado en la calle, frente al banco y tengo todos los papeles necesarios», asegura. De este modo, se acepta el vehículo como garantía. Después de que se marche, el director de la oficina, el presidente del banco y todos sus colegas bromean entre ellos pensando que le han engañado por usar un coche tan caro como aval para un préstamo como el que ha pedido. Uno de los trabajadores estaciona el coche en el garaje del banco. Cuando pasan dos semanas, el señor Singh regresa y devuelve el préstamo, así como 15,41 libras de interés. El director de la oficina le dice: «Señor, debo decirle que estamos un poco confundidos. Mientras estaba fuera hemos descubierto que es usted multimillonario. ¿Por qué se molesta en pedirnos dinero, entonces?». **El señor Singh responde:** «¿En qué otro lugar en el centro de Londres puedo aparcar **mi coche durante dos semanas por menos de veinte libras?»**.

#LosTrucosDeLosRicos

No basta con hacer negocios y generar dinero, hay que protegerlo para que nadie te lo arrebate.

@juanharo

Truco 35

Al negociar paran los pagos

Los ricos miran con frecuencia al cielo y cuando ven que se acerca una tormenta comienzan a elaborar su plan de acción para evitar daños mayores. No se esconden, actúan, y eso también ocurre cuando se enfrentan a una deuda, un abuso o un daño. Es en estos momentos cuando hay que controlar las emociones para intentar ser pacientes y no perder los nervios.

Una máxima a tener en cuenta es que mientras se llevan a cabo negociaciones se paralizan los pagos o cuotas existentes hasta que se tome una decisión final, un nuevo contrato o acuerdo que dictamine cómo proceder con la deuda existente. En el caso de Hacienda, ayuntamientos o el Estado esto es diferente. Si paralizas los pagos mientras estás recurriendo un escrito podrán exigirte los intereses por la demora que se produzca, salvo que nos agarremos a una ley y normativa determinada que nos exima de seguir pagando.

El primer temor que surge es si esto incrementará la deuda. Recuerda una cosa: los miedos paralizan. Si sabes cómo hacerlo, saldrás victorioso de una negociación con un acreedor muchas más veces de lo que imaginas. Yo mismo he visto muchos casos de éxito al negociar de esta manera. El ciudadano medio suele amedrentarse con la banca, los médicos, la Iglesia y el Estado, estamentos frente a los que la derrota parece sistemática, pero si cuentas con un plan de acción detallado y el asesoramiento de expertos curtidos en este terreno, la realidad es diferente.

Recuerda que la vida es una obra de teatro y que tú eliges el papel que quieres representar. Hay que prepararse y actuar según lo que nos convenga, todo dependerá de tus intereses y de la situación que estés viviendo. Si vas a pedir un acuerdo de pago flexible, no demuestres tu poderío: esta actitud juega en tu contra.

Una buena alternativa cuando vamos a negociar con terceros es hablar de un «poli malo», alguien a quien echarle las culpas: «Me comunica mi asesor que...», por ejemplo. Es obvio que es mejor que sea una persona real, quitándote de la ecuación como hacen los ricos, que otorgan a una persona un poder notarial para que negocien en su nombre. A aquellos que no puedan permitirse pagar a un experto también les puede servir crear un personaje imaginario.

Protocolo para negociar una deuda:

1. **Estudia la situación y define una estrategia.** Conocer qué posibilidades tenemos, cuál es la situación y los escenarios posibles.
2. **Detén los pagos.** Comunicar que estamos en un proceso de negociación y que tu contable, socio o gestor está estudiando las opciones. Dejar siempre una puerta abierta al consenso.
3. **Realiza las primeras acciones para que el plan sea congruente.** Si no puedes pagar una deuda o vas a alegar un mal momento financiero sería lógico retirar tu dinero de dicha entidad. No tiene sentido explicar que no puedes pagar y tener 32.000 euros en una cuenta. Busca la credibilidad.
4. **Da la cara planteando la situación al banco o acreedor.** Es el momento de comunicar lo que sucede y lo que deseas, aunque lo mejor es que te elimines de la ecuación y no seas tú el que acuda a negociar.

5. **Pide salidas.** Los buenos negociadores no plantean soluciones, se las preguntan al banco o al acreedor. El que primero habla, pierde. Hay que intentar que la otra parte proponga acuerdos, igual te aporta información valiosa.
6. **Deja que pase el tiempo.** Es muy habitual buscar una solución con urgencia, pero los expertos negociadores de deudas hacen lo contrario: no corren. No se trata de alargar innecesariamente la situación, sino de esperar un tiempo prudencial y buscar alternativas.
7. **Estudia qué opciones dar al banco para que todas las partes ganen.**
8. **Plantea las dos o tres mejores opciones.** Es preferible aportar diferentes soluciones en una negociación. Por ejemplo, bajar la cuota del préstamo a un 60 por ciento. Si una de las opciones es aportar una cantidad de dinero o pago concreto, conviene poner una fecha límite. Por ejemplo, abonar veinticinco mil euros para liquidar la cuenta antes de un día determinado.
9. **Espera la respuesta.** Recuerda que el banco está dejando de cobrar por lo que seguramente no tarde en contestar.
10. **Si la respuesta es positiva y eligen una de las opciones presentadas, caso cerrado.** Si no es así, contraoferta y vuelta al paso ocho.

Es importante que todo conste por escrito, ya que en un hipotético pleito serviría como documentación. Llegado el caso, existirán cláusulas de la escritura a las que podremos sacar punta. Uno de los objetivos es desgastar a la otra parte: cuanto más se alargue el proceso, más opciones de llegar a un acuerdo; cuantos más recursos y alegaciones se presenten, mejor. El tiempo es un gran aliado.

La fórmula de la negociación que utilizan los ricos es la siguiente:

$$N = T + D + E + Es \; x \; Em$$

T = Tiempo

D = Dinero

E = Energía

Es = Esfuerzo

Em = Emoción

Como ves, la emoción tiene un peso importante, ya que el que le pone suele ser el que más necesidad tiene y aquel que acaba cediendo. Por esa razón es la única variable de la fórmula que multiplica. **¿Cuánto esfuerzo, dinero y energía pone el banco en esta negociación?** Si logras que se impliquen, tendrán una predisposición a llegar a un acuerdo. Por tanto, recuerda valorar cada una de las variables y que el valor más alto es el que pierde. No falla.

Otra herramienta que utilizan los ricos al negociar es fingir la ausencia de necesidad, evitando que se les vea desesperados y con ganas de llegar a un acuerdo. Si lo detectan, te animarán a firmar un acuerdo que no te compense. Te invito a que escuches una situación real que te servirá para descubrir cómo negocian los ricos en la sección de audios de la web del libro <Lostrucos-delosricos.com>.

#LosTrucosDeLosRicos

Los ricos saben manejar las deudas porque controlan el arte de la negociación y se preparan a conciencia para defender sus intereses, especialmente contra los abusos de la Administración, Hacienda y la banca. Cuentan con buenos negociadores bancarios y un arsenal de herramientas.

@juanharo

Truco 36

Compran deuda tóxica a bancos

El mundo de la banca es un mercado en el que se comercia con dinero. Se compra y se vende hasta la deuda de personas que pidieron un préstamo para hacerse con una casa o un coche. Adquirir deuda por mucho menos valor es un negocio más, ya hablemos de un crédito personal o de préstamos hipotecarios impagados.

Los bancos hacen paquetes de deuda y los venden al mejor postor. Juntan unos cuantos créditos y si suman cuatro millones y medio, los venden por novecientos mil euros. En dichos paquetes hay gente que dejó de pagar en un momento dado y otros que nunca abonaron un solo euro. El rico o la empresa que ha adquirido todo ello hará negocio con sólo recuperar un 25 por ciento.

Cada vez más, los titulares que dejan de pagar reciben llamadas de empresas que han asumido su deuda ofreciéndoles un descuento: si pidieron un crédito de treinta mil euros y deben veintisiete mil les llamará el nuevo dueño planteando una quita del 50 por ciento. Esa empresa adquirió la deuda por cinco mil euros, he ahí su beneficio.

Cuando se trata de créditos hipotecarios, el banco puede vender dicha deuda para evitar la pérdida de tiempo y dinero de tener que iniciar un proceso de ejecución hipotecaria para recuperar la vivienda; prefiere un paquete de varias deudas que vender a un rico o a una empresa. En resumen: **se adquiere el crédito hipotecario y se negocia con el dueño que incumple los pagos para intentar llegar a un acuerdo** que esquive las consecuencias.

Como ves, cuando tienes dinero puedes participar en negocios interesantes. Podrías generar un patrimonio inmobiliario adquiriendo deudas hipotecarias. Cuando se adquiere una casa de 150.000 euros por cincuenta mil se puede seguir una serie de pasos para hacerte con ella si los impagos continúan.

No hace falta que hagas tú el trabajo, existen empresas con experiencia en este tipo de acciones, pero es interesante que veas el alcance de estos trucos y cómo puedes conseguir inmuebles con poco capital. Donde hay un problema, el rico ve un negocio y el banco una oportunidad.

Luis pidió un crédito hace años al no poder hacer frente a los pagos de su hipoteca. Tres años después, una empresa le llama, identificándose como nueva titular de la deuda y explicándole que por veintitrés mil euros (cuando él debía 50.000) puede liquidarla en su totalidad, evitando así que su nombre aparezca en cualquier fichero de morosos; la negociación llega al acuerdo y todos salen ganando. Lo mismo ocurre con los créditos hipotecarios, aunque con un beneficio mayor al haber más trámites. **Poder quedarte con varias casas sin tener que despojar a nadie de su vivienda es una buena opción.**

Antonio y María pidieron una hipoteca de 145.000 euros por su vivienda de Valencia. Llevan dos años sin poder pagar y saben que el banco les acabará pidiendo que dejen su hogar. De la noche a la mañana, el inmueble entra a formar parte de un lote de hipotecas que ha comprado un hombre llamado Felipe, que les comunica que su empresa ha adquirido su deuda por un valor mucho menor y que querría negociar con ellos la compra de dicha deuda o la posibilidad de que siguieran viviendo en ella de alquiler por un precio menor. Si la pareja acepta alguna de las propuestas, Felipe podrá realizar todos los trámites legales para venderles el inmueble cancelando la deuda o realizando un contrato de alquiler. En ambos casos, Antonio y María se garantizan seguir en la misma casa y Felipe se evita tener que iniciar un proceso engorroso.

Si una familia deja de pagar el crédito hipotecario de su casa, algunos bancos pasan esta información a los ricos para que puedan adquirir la vivienda a un precio menor, evitando un proceso de ejecución hipotecaria por impago de las cuotas. El rico accede así a información privilegiada para comprar la casa por un precio de mercado menor al tratarse de una medida urgente.

He visto muchas operaciones con final feliz, y siempre es más fácil negociar con empresas o personas que con bancos. Mientras que para estos últimos no eres más que un número y no dudarán en embargarte si no pagas, si un rico o empresa compra tu deuda podrás negociar.

Las relaciones lo son todo y los ricos lo saben. Si tienes una buena relación con tu banco podrás hacer negocios comprando deuda, si no tienes relaciones, es complicado que llamen a tu puerta para ofrecerte vías de negocio. Los ricos miman las relaciones porque saben que gracias a ellas surgen las oportunidades.

#LosTrucosDeLosRicos

Los ricos construyen buenas relaciones porque saben que es la clave del éxito en los negocios y, sobre todo, en las inversiones.

@juanharo

Truco 37

Venden la empresa con deuda o sanciones

Seguramente este truco te sorprenda ya desde el título, a mí también me pasó al descubrirlo. Para que puedas entenderlo mejor te pediría que acudas a la sección de artículos de la web del libro y localices el texto llamado «Tres casos reales de emprendedores». Una vez lo hayas leído será difícil que pienses que tu negocio no podrá sufrir alguna deuda o sanción.

Todos los que tenemos empresas sabemos lo que es esa ola de optimismo que se siente al comienzo de la actividad cuando todo parecen oportunidades. Y es bueno que sea así, pero existen muchas variables que pueden hacer que todo se tuerza por una denuncia de un cliente, proveedor o empleado, una inspección un préstamo impagado o un parón en las ventas.

¿Qué harías si tu empresa recibe una inspección y te sancionan con 78.000 euros de multa, teniendo en cuenta que la empresa obtiene unos beneficios anuales de quince mil? Esta pregunta la he realizado en diferentes cursos, y la mayoría de los asistentes suelen decantarse por negociar con Hacienda, pedir un préstamo, hablar con un abogado para plantear un recurso, cerrar la empresa o intentar aumentar las ventas. Pero, recordemos que bajar la cabeza significa trabajar gratis durante años; teniendo en cuenta los beneficios por año y la sanción, no tendrás beneficios durante al menos cinco años. Vender la empresa con la deuda íntegra a un comprador es la respuesta que darían los ricos.

Numerosas personas, habitualmente de Sudamérica, vienen a España a comprar una empresa que adquieren ante notario a cambio de que el propietario les pague cinco mil euros, asegurando en la escritura de compraventa de participaciones que ellos se encargarán de pagar dicha deuda. A menudo, los que nos visitan por este motivo regresan a su país de origen con nueve empresas adquiridas y 45.000 euros en el bolsillo.

¿Ves la importancia de conocer los trucos de los ricos? Entre vender tu empresa pagando cinco mil euros o quedarte con ella y tener que pagar a Hacienda los 78.000, parece claro cuál es la mejor opción. **Recuerda que estás en tu derecho de vender la sociedad siempre que alguien se haga cargo de la deuda.** Los ricos saben dónde localizar a estas personas interesadas en adquirir sociedades penalizadas. ¿Recuerdas la importancia de diferenciar marca y empresa? Si has tenido en cuenta este truco, podrás seguir facturando mientras vendes la empresa sancionada.

Recuerda que no se trata de pelearse o deprimirse por haber tenido mala suerte con una inspección rutinaria o la denuncia de un tercero. Los ricos prefieren centrarse en las soluciones.

Para terminar, una frase más del multifacético Bruce Lee: «Esperar que la vida te trate bien porque eres buena persona es como esperar que un tigre no te ataque porque eres vegetariano».

#LosTrucosDeLosRicos

Los ricos siguen la máxima de Bruce Lee: «No reces por una vida fácil, sino por tener la fortaleza para afrontar una vida difícil». Cuando llegan los problemas, los ricos están esperando para poder parar el golpe.

@juanharo

Truco 38

Utilizan las opciones de compra y condiciones resolutorias

(empresas e inmuebles)

Una vez más, es importante ponerse en la piel de los ricos. A la hora de hacer negocios, funcionan como unos conocidos grandes almacenes: no compran casi nada hasta tenerlo todo vendido, es decir, no ponen dinero por adelantado: primero te cobran a ti y luego te envían la compra, pagando a noventa días al proveedor, que es quien pone o cede la mercancía y el catálogo hasta que el cliente abona la compra. Un negocio redondo, ¿no crees? El hecho de utilizar las opciones de compra y las condiciones resolutorias tiene mucho que ver con esa filosofía. **No pagar hasta el mejor momento, o lo que estás leyendo una y otra vez en este libro: abogar por el aplazamiento de pagos.**

Las opciones de compra dan al consumidor el derecho a hacerse con un activo a un precio determinado y en una fecha concreta, algo que te permite jugar con el inmueble por una pequeña cantidad. Siempre se puede poner cualquier excusa para animar al propietario a que nos conceda dicha opción de compra en un contrato, por ejemplo, decir que necesitamos hablarlo con los socios e inversores, que debemos reunirnos con el ayuntamiento o llamar al servicio técnico para que nos informen de las posibilidades, que necesitamos tasar el bien e incluso alegar que estamos pendientes de que nos aprueben su financiación.

Como vemos, una de las excusas reales es la de intentar vender el inmueble antes del vencimiento de la opción de compra. De esta forma minimizamos costes e impuestos y logramos una plusvalía o rentabilidad en la operación. **La duración de las opciones de compra es muy variable, puede llevar desde tres meses a varios años.** Eso no quiere decir que si firmamos a un año debamos esperar hasta que se cumpla la fecha, si somos los tenedores, podemos firmar la operación antes de su vencimiento e incluso podemos subir nuestra oferta a la hora de adquirir el inmueble si nos aceptan el plazo que nos convenga. Si decidimos abandonar la operación por no ver claro el proceso, perderemos el dinero entregado.

Las opciones de compra se utilizan también a la hora de adquirir empresas o alquilar un inmueble para dotar al inquilino de un nuevo derecho. Si das con un rico, aunque firme un contrato de alquiler te pedirá añadir la opción de tanteo y retracto para hacerse con el inmueble a su vencimiento o tener una opción de compra con un precio fijado. No pierde nada, pero puede ganar mucho.

Si un rico conoce al comprador de una empresa y aparece un propietario que desee vender, éste será el mejor momento para utilizar este truco, realizando una opción de compra a un precio determinado. Después, podrá ofrecer dicha empresa a la persona que buscaba adquirir una, pidiendo una cantidad determinada. Éste es un ejemplo práctico que también se aplica a los inmuebles y una práctica muy extendida en el mundo de los ricos.

Podemos definir las cláusulas resolutorias como una garantía de pago cuando en la compraventa se acuerda un precio aplazado y el vendedor quiere asegurar su cobro. La condición resolutoria en la compra de un inmueble implica que, en caso de incumplimiento de pago del precio o de alguno de sus plazos, se produzca la resolución de la compraventa con la consiguiente recuperación del inmueble transmitido por parte del vendedor. Puede inscribirse en el Registro de la Propiedad mediante nota marginal, en cuyo caso tendrá efectos frente a terceros, y se suele aplicar cuando queda un pago importante por realizar a la hora de adquirir un inmueble y aun así se desea escriturar a nuestro favor. El vendedor suele poner dicha condición para garantizar que el inmueble vuelve a él si no se cumple con el pago en la fecha acordada.

Todo esto permite a los ricos mover a su antojo el inmueble o activo en cuestión aportando tan solo una pequeña cantidad. Si deseas ver una opción de compra real de un inmueble, visita la sección de ejercicios de la web del libro.

#LosTrucosDeLosRicos

La diferencia entre utilizar o no una opción de compra puede suponer perder cientos de miles de euros y los ricos lo saben. Rico es quien aplica el conocimiento para conseguir sus fines de forma legal.

@juanharo

Truco 39

Utilizan cajas de seguridad bancarias

(a nombre de sociedades)

Según el Banco de España, una caja de seguridad es **un lugar especialmente reservado en las cajas fuertes de las oficinas bancarias que los clientes pueden alquilar para el depósito de bienes o efectivo, sin necesidad de declarar su contenido.** En ellas puedes guardar documentos valiosos, escrituras, testamentos, joyas, oro, piedras preciosas, efectivo, cartas privadas, claves secretas...

Las entidades cuentan entre sus servicios financieros con estas cajas fuertes que se sitúan dentro de una cámara acorazada de máxima seguridad. Cuando en una película aparece el robo de un banco, ésta es la zona que suele presentarse como un caramelo para los ladrones. Como en la actualidad los bancos apenas dan rentabilidad por el dinero que uno tiene en su cuenta de ahorro, muchas personas deciden guardar parte de sus ganancias en estas cajas y así, evitar las pérdidas ante un posible robo o incendio en su vivienda. Los ricos saben que es mejor poner todo a nombre de personas jurídicas, por tanto, en caso de tener una caja, debemos ponerla a nombre de una empresa.

Su precio varía en función del banco y del tamaño de la caja, pero suele oscilar entre los 170 y 570 euros anuales; algunos bancos piden también una fianza que será devuelta al vencimiento del contrato. Se estima que el sistema financiero español cuenta con unas quince mil cajas fuertes de alquiler, en su mayoría ocupadas. Un gran atractivo de éstas es la confidencialidad: aunque hay ciertas normas, como no introducir sustancias tóxicas, normalmente lo que hay en su interior es secreto. Sólo se tendría que mostrar su contenido en caso de contratar un seguro adicional, para que la compañía pudiese calcular su valor. Es cierto que Hacienda puede abrirlas mediante una orden judicial, aunque siempre puedes extraer su contenido y pasarlo a otra empresa... o incluso tener varias cajas.

Te invito a pensar en Suiza, donde si compras oro, plata o joyas muchas empresas te ofrecen cajas de seguridad para que guardes lo que consideres. En este país encontrarás muchos bancos cuyos propietarios son personas adineradas, siendo estas entidades más que relevantes en el manejo de bienes privados.

Una de las características destacadas de los más de seiscientos bancos suizos es su discreción, garantizando la propiedad y libertad de su clientela nacional y extranjera. Si tienes la oportunidad de operar con uno, gozarás de protección constitucional de tu patrimonio privado, siempre y cuando el capital haya sido obtenido de manera legal. El secreto de esta discreción es una prescripción legal cuya violación se considera delito.

Entre las **obligaciones del banco** está la de entregar al cliente la llave de la caja para que pueda hacer uso de este servicio, así como permitirle acceder a ella los días hábiles, dentro del horario habilitado, facilitándole la entrada al lugar a efectos de realizar la operación en la intimidad. Por último, se debe asegurar la idoneidad del recinto y la integridad de la caja, para lo que se debe custodiar de manera permanente, evitando cualquier daño o violación de la misma.

En cuanto a los **compromisos del cliente,** destacan: el pago del coste de apertura y las comisiones de mantenimiento dispuestas por la entidad, el uso del servicio según lo acordado en el contrato y la obligación de informar al banco del robo o pérdida de la llave, que se deberá devolver tras vaciar la caja al finalizar el contrato. Si se incumpliera esto, la entidad podría proceder a la apertura forzada mediante una orden judicial.

Los ricos siguen la máxima del escritor y locutor Alan Watts, que dice que «para comprender la seguridad no hay que enfrentarse a ella, sino incorporarla a uno mismo».

#LosTrucosDeLosRicos

No se trata de desconfiar, esconder o defraudar, lo que buscan los ricos al ocultar su patrimonio es protegerse ante cualquier imprevisto.

@juanharo

Truco 40

Los ricos crean en vez de gestionar

Hace tiempo escuché a una gran comunicadora llamada Susana Rodríguez preguntar en un *webinar* qué es lo que diferencia a una persona de éxito de otra que no lo tiene. La gente empezó a contestar y a dar respuestas como la disciplina, los conocimientos o la actitud. Ella, dibujando un ocho con sus manos, dio la respuesta clave: **«Tenemos ocho horas para dormir, las mismas para trabajar... pero, ¿qué hacemos con las ocho restantes?».** El éxito depende de cómo gestiones esas ocho horas extra que te ofrece cada nuevo día, esas que no utilizas ni para dormir ni para trabajar.

Jamás he olvidado esta historia. Cuando los ricos comienzan su carrera marcan la diferencia con esas horas que muchos desaprovechamos; en función de lo que hagamos con ellas atraeremos un mayor o menor número de oportunidades que nos acerquen a nuestros objetivos. Obviamente, el reparto de horas es aproximado: no todos tenemos la suerte de dormir ocho horas.

Mi socio y amigo Javier Bartolomé me enseñó el truco que nos atañe, explicándome dos iniciales muy valiosas por todo lo que encierran: **«G» de gestión** y **«C» de creación.** Lo cierto es que los ricos gestionan poco o nada y crean mucho. Entre las tareas que forman parte de la Gestión podríamos hablar de responder llamadas, sumergirse en las redes sociales, crear documentos, atender incidencias, contestar correos electrónicos, atender proveedores, controlar pagos e infinidad de procesos mecánicos que puede llevar a cabo cualquiera.

Si hablamos de las acciones en las que se centran los ricos, esas que forman parte de la Creación, hablaríamos de la creación de relaciones, nuevos negocios, equipos de éxito y sistemas; además de la negociación y venta o la búsqueda de profesionales y apalancamiento. Se trata, en definitiva, de todo aquello que hace crecer la empresa y que de ningún modo podría delegarse en terceros.

¿Cuánto tiempo pasas gestionando y cuánto creando? Todas las tareas tienen un precio por hora. Aquellas que realiza un administrativo, un recepcionista o un gestor se pagan a X euros, mientras que las gestiones que marcan una diferencia se abonan a 7X. En estas últimas se enfocan los ricos, alejados de aquellos trámites que no sirven para pensar, crear o diseñar estrategias.

Recuerda que la gestión de tu tiempo marcará tu destino. Te invito a que escuches el audio titulado «Tú eliges G o C» en la sección de audios de la web del libro.

Finalizamos este truco hablando del padre de Susana Rodríguez, la mujer de la que he hablado al principio del capítulo, porque tampoco olvidaré el día que el gran empresario Juan Antonio Rodríguez me preguntó de forma sarcástica si no me daba vergüenza no tener tiempo con la edad que tenía, después de haberle dicho que estaba muy ocupado. Y no le faltaba razón, así me di cuenta de cómo estaba perdiendo el tiempo que podía invertir en crear. Hay que saber que lo urgente no pesa más que lo importante. Es paradójico como van pasando los años, y el juego consiste en hacernos mayores, pero disponiendo de más y más tiempo para disfrutar. Otro gran secreto de los ricos.

Decía el inversionista estadounidense Robert Kiyosaki que «una de las razones por las que millones de personas pierden billones de dólares es que invierten su dinero, pero no están dispuestos a invertir su tiempo».

#LosTrucosDeLosRicos

Los ricos miman su tiempo y saben que la clave está en crear, construir y diseñar la vida que desean. Crean en vez de gestionar.

@juanharo

Truco 41

Tienen dinero en efectivo en casa y en lugares secretos

Los sabios dicen que el dinero no da la felicidad, pero si lo escondes debajo del colchón eres menos vulnerable. No hay duda, el ser humano busca obsesivamente la seguridad. Está en nuestros genes, es cuestión de supervivencia. Aunque nos lo puedan robar, el dinero en efectivo nos hace sentirnos más plenos por el mero hecho de poder tocarlo.

Los ricos utilizan el efectivo mucho más que el resto de la población. El uso masivo de las tarjetas te convierte en una persona a la que es fácil supervisar y eso a los ricos no les gusta. Además, saben que pueden encontrar mejores precios pagando de esta manera. Es cierto que los intereses estatales prefieren que la gente use el menor efectivo posible para que nada escape el control fiscal mediante el pago de impuestos. Por eso, en el año 2016, el Banco Central Europeo comunicó el cese de la impresión de billetes de quinientos euros.

Algunos se preguntan si es delito tener efectivo en su domicilio a raíz de la forma de informar en la prensa sobre la incautación de billetes a delincuentes, pero lo cierto es **que no hay ningún impedimento legal para guardar fuera de un banco todo el efectivo que quieras.** Cada uno puede almacenar sus ahorros donde decida.

Si una persona retira veinte mil euros de una cuenta y poco después ingresa una cantidad similar tiene sentido que parezca el mismo dinero, pero si permanece más tiempo fuera del circuito bancario la Administración puede dudar de su procedencia y obligar a tributarlo en el Impuesto sobre la Renta como una ganancia patrimonial no justificada.

Entre los lugares donde los ricos esconden su dinero hay sitios tan dispares como macetas, detrás de un cuadro, el congelador, un bote de galletas, debajo del colchón, en una caja fuerte, un armario o el jardín de tu casa, así como en trasteros alquilados o habitaciones secretas.

Es bastante sonado el caso de unas monjas mañas que almacenaron un millón y medio de euros que acabaron siendo robados por un ladrón que dejó a las religiosas con el problema extra de tener que explicar a Hacienda la procedencia de la cantidad hurtada.

Las cinco ventajas de tener dinero en efectivo son: la disponibilidad inmediata, la menor exposición a un «corralito bancario» ante la quiebra de un país, el uso en ciertas inversiones que no necesitan justificación o ingreso bancario, los mejores precios en negociaciones y la minimización o evasión de carga fiscal.

Sobra decir que nunca debemos guardar todo nuestro dinero en un único lugar y que debemos anotar en un papel o documento digital cifrado dónde lo guardamos. El tuyo no sería el primer caso de olvido bien por despiste o por una enfermedad que afecte a la memoria.

¿Te imaginas poder tener tu dinero en efectivo en un banco sin que nadie **sepa que es tuyo?** Aunque Suiza dispone del secreto bancario y sus cuentas son numeradas, hay un lugar mágico en Europa que aúna seguridad y anonimato total. Busca en Google el valle Kleinwalsertal, perteneciente a la provincia austriaca de Vorarlberg, y abre una libreta de ahorros al portador denominada «Sparbuch Überbringer». En los bancos de dicha población no te preguntarán tu verdadero nombre, sino que te pedirán un seudónimo y una firma que constará en la entidad. Así, obtendrás una libreta física con la que podrás realizar cualquier tipo de operación sin que consten tus datos reales. En caso de robo, deberán saber tu mote y firma ficticia para robarte. Si lees las condiciones, verás que el banco no se hace responsable de este tipo de percances.

No es un problema que existan varias cuentas con el mismo apodo, y si extravías la libreta puedes pedir una adicional después de realizar las comprobaciones necesarias. Su aspecto es como el de una libreta normal, pero no te enviarán extractos al no disponer de tus datos, siendo anotados los ingresos adeudados la siguiente vez que acudas al banco. Se trata, en definitiva, de **una forma anónima y legal de gestionar tu dinero y operaciones.** El garante de los depósitos es el Gobierno austriaco.

Para entender todavía mejor cómo piensan los ricos te hablaré de un hombre de pueblo terriblemente egoísta al que cuidaba su mujer ante su inminente muerte. Terriblemente enfermo, le dijo así a su esposa: «Cariño, deseo que me entierres con todo mi dinero, por si dentro de unos años resucitase». La mujer aceptó y el rumor de aquel último deseo se fue extendiendo por el pueblo. Cuando una vecina le preguntó al respecto, la viuda se sinceró: «Atendí a su última voluntad y lo enterré con un cheque al portador para que un día pueda cobrarlo si despierta». Sin duda, un caso de pura inteligencia financiera.

#LosTrucosDeLosRicos

El dinero en efectivo parece un villano a ojos de la gente corriente, pero el dinero no es bueno ni malo en sí, sino una llave que abre muchas puertas.

@juanharo

Truco 42

Utilizan tarjetas prepago

En el año 2002 se realizó un total de 991.564 operaciones de compra con tarjetas en puntos de venta, mientras que en el 2017 esa cifra aumentó hasta las 3.429.385 actuaciones. Sin duda, **cada vez se hacen más compras con tarjeta, pudiendo distinguir tres tipos:** las de débito, cuyo cargo se descuenta sobre el saldo de tu cuenta; las de crédito, que permiten realizar compras sin necesidad de desembolsar el importe al instante; y las tarjetas prepago, que funcionan como un monedero electrónico con el dinero que se vaya recargando en ellas. A los ricos les encanta este último grupo porque no necesitan una cuenta bancaria y el rastro que dejan es más impreciso.

Las tarjetas de crédito se utilizan un 52 por ciento, frente al 27 por ciento del que pueden presumir las de débito. Esto nos permite hacernos una idea de la cantidad de personas que prefieren el crédito para llegar a fin de mes.

Dentro de las tarjetas prepago existen las nominativas y las anónimas. Las primeras contienen tus datos, mientras que las segundas sólo incluyen la numeración. En España se obtienen en los principales bancos o en Correos, además de poder solicitar online las de otros países.

Este tipo de tarjeta puede ser muy útil para facilitársela a tus hijos cuando se van de vacaciones, introduciendo en ella una cantidad prefijada que puedes recargar si hiciese falta. También es interesante para hacer un regalo a seres queridos, empleados o proveedores; recibir pagos de clientes en ella para declarar menos impuestos y controlar los gastos familiares. La posibilidad de tener alguna de ellas a nombre de la empresa vuelve más cómodo el pago, y en caso de que contrates tarjetas extranjeras, tus operaciones serán prácticamente invisibles. Y al no existir cuenta bancaria como tal, puedes operar con ellas incluso teniendo deudas o formando parte de ficheros de morosos.

A estas alturas ya imaginarás que los ricos consiguen tarjetas prepago que no son emitidas en España. Éstas se pueden utilizar en cajeros automáticos con la ventaja de que, al ser producidas fuera de nuestras fronteras, los movimientos son difíciles de localizar. Se pueden recargar con efectivo en diferentes bancos, mediante transferencias, con bitcoins y en comercios autorizados por el emisor.

Existen límites de dinero para utilizarlas, pero pueden ser modificados con facilidad. La presión fiscal que sufren, cada vez más, los ciudadanos españoles, franceses, alemanes, italianos y estadounidenses está siendo aprovechada por otros países (como Estonia, Malta, Suiza, Luxemburgo, Gran Bretaña, Andorra y Portugal) para invitar a ciudadanos europeos a abrir cuentas y contratar productos financieros que gocen de mayor flexibilidad en materia de impuestos y anonimato.

Quizá sea interesante hablar de las principales tarjetas prepago que existen y que utilizan los ricos y no tan ricos. Debes saber que podrás pagar con ellas en cualquier lugar donde acepten Visa o MasterCard.

1. **Tarjeta Correos.** En cualquier oficina de la compañía puedes hacerte con una y recargarla con efectivo en cualquier punto de España. Ni es necesario que la saques tú, ni necesitas cuenta bancaria, pudiendo recargarla cualquiera.
2. **Spark.** Tarjeta MasterCard que prescinde de cuenta bancaria, documentación y permanencias, con más de

35.000 puntos de venta y recarga. Además, puedes recargarla con bitcoins. Al emitirse desde Londres es difícil de controlar por el fisco español.
3. **Wirex.** Física o virtual, está especialmente diseñada para cargarse con criptomonedas y bitcoins. Puedes tener varias tarjetas de empresa anónimas.
4. **Viabuy.** Tarjeta MasterCard alemana que te permite tener una cuenta bancaria en ese país, con su IBAN propio, sin necesidad de salir de tu hogar. La emite una empresa que opera en Gibraltar y puedes recargarla por PayPal, con bitcoins, transferencias o ingresos directos. Puedes sacar el dinero en cajeros o adquirir productos o servicios en cualquier establecimiento que acepte MasterCard.
5. **Payoneer.** Muy utilizada en América del Norte y Sudamérica. Te permite tener una cuenta bancaria online en Estados Unidos. Puedes recibir transferencias de clientes estadounidenses o europeos y gastar el dinero con tu tarjeta MasterCard. Dispondrías de dos cuentas, una en euros y otra en dólares, así como una tarjeta física para usar con cada moneda.
6. **Bitnovo.** Es una empresa valenciana que te permite disponer de una tarjeta MasterCard denominada Bitcard sin requerir ningún dato. La puedes recargar para disponer de fondos con bitcoins y con la criptomoneda Dash.

También puedes abrir una cuenta en **Paysera,** solicitar varias tarjetas de débito y dárselas a las personas a las que quieres pagar. Todo lo que tendrás que hacer es recargar el saldo. Aunque abonarán un 4 por ciento de comisión, el coste siempre será menor que en el caso de una transferencia bancaria, y podrán sacar dinero a través de cajeros.

Si deseas estar actualizado en el tema o saber de algunas tarjetas más, te animo a que leas el texto titulado «Tarjetas prepago» en la sección de artículos de la web del libro. También te gustará el reportaje llamado «Veintidós cuentas por internet con tarjeta prepago», publicado por Librestado, que te dejo allí.

Te habrás percatado de que no hemos hablado de bancos,

sino de empresas privadas que permiten cierto grado de anonimato y privacidad en las transacciones. No se pueden poner puertas al campo: los bancos han de renovarse porque cada vez hay más ciudadanos cansados de ser controlados y expoliados con sanciones. En estos lugares, el dinero está menos expuesto a un embargo bancario que venga de Hacienda, de la Seguridad Social e incluso de un juzgado. Si sólo usas tarjetas de tu banco serás una presa fácil. Los ricos lo saben.

Puedes generar una tarjeta prepago sin salir de tu habitación, apostando por la libertad de elegir y vivir acorde a tus propios principios. Uno de ellos, poder mover tu dinero por el mundo sin ataduras ni castigos.

#LosTrucosDeLosRicos

Cuando se trata de utilizar el dinero, los ricos usan métodos similares a los del resto de mortales con sutiles diferencias que les permiten ir más lejos tanto a nivel fiscal como de privacidad.

@juanharo

Truco 43

Compran inmuebles a través de contactos

Aunque muchos piensan que los mejores negocios llegan gracias a la suerte y al trabajo sin descanso, los ricos saben que las mejores oportunidades se consiguen a través de contactos. Los inmuebles más rentables y las operaciones más golosas no se encuentran ni en Google ni en anuncios de páginas como Idealista o Fotocasa.

Existen dos vías para encontrar buenos negocios a la hora de invertir en inmuebles: los contactos valiosos mediante los que descubres la urgencia de una compraventa y la creatividad que te lleva a ver en una operación lo que otros no perciben. En mi caso, recuerdo una nave de un barrio madrileño que transformamos en un gimnasio con piscina, vendiéndola por un precio mucho mayor del que nos costó.

Uno de los hábitos que descubrí de un amigo rico es que cada vez que conocía a alguien le preguntaba a qué se dedicaba, buscando negocios a la más mínima ocasión. ¡Ésa es la actitud! Las mejores oportunidades no son fruto de un milagro, están ahí fuera. Aunque a veces surgen de forma natural, los ricos se han entrenado para buscar y aportar soluciones, con agendas que valen oro.

Los contactos en los que se enfocan para conseguir información valiosa son abogados, gestores, administradores de fincas, personal bancario, intermediarios financieros, clubs de inversión, asesores, contactos de agencias inmobiliarias, empresas de alquiler de inmuebles y reformas, promotoras, constructoras y hasta contactos de subastas.

Son generosos para potenciar que les tengan en cuenta. Hay que estar listos para cerrar operaciones atractivas en horas, por eso es tan importante contar con dinero preparado para invertir o un banco que te lo preste de forma inmediata. Si las oportunidades son buenas, hay que aprovecharlas.

Ya lo decía el psiquiatra suizo Carl Gustav Jung: «El encuentro de dos personas es como el contacto de dos sustancias químicas: si hay alguna reacción, ambas se transforman». Para finalizar este truco quiero recordar a la exprimera dama de Estados Unidos Michelle Obama, quien dijo que «el éxito no depende de cuánto dinero hagas, sino de la diferencia que provocas en la vida de las personas». Los ricos lo saben: cultivar, mantener y hacer crecer las relaciones proporciona los mejores resultados. Marcan una notable diferencia.

#LosTrucosDeLosRicos

Los contactos y las profesiones de las personas son aspectos clave para los ricos, que utilizan esta información para encajar problemas con soluciones y hacer dinero constante.

@juanharo

Truco 44

Agotan a Hacienda, a la banca y a la Seguridad Social

Muchos denominan «los tres lobos» a Hacienda, la banca y la Seguridad Social porque no dejan de buscar presas a las que devorar. Debemos distinguir entre dos tipos de personas: las que persiguen sus objetivos adaptándose a las circunstancias y las que se rinden. Dos actitudes diferentes que tienen mucho que ver en los resultados que obtenemos en el día a día.

Imagina que te llega una sanción de Hacienda: los que no lo intentan pagarán y seguirán adelante, pero los ricos, que pertenecen al primer grupo, buscarán pagar lo menos posible de forma legal. La clave está en cansar al adversario con todos los recursos que se encuentren a nuestro alcance.

La ley permite realizar todos los recursos que queramos y obliga a la Administración a contestarlos. Es importante redactarlos bien, algo que requiere de paciencia, ya que muchas veces el Estado termina negociando para evitar perder demasiado tiempo. Muchas personas que no cuentan con los profesionales adecuados evitan recurrir.

Consigamos o no un buen resultado, tendremos tiempo para poner a salvo nuestro patrimonio y pensar en una estrategia. Las batallas contra la Administración, el sistema o la banca se suelen ganar pensando bien cada movimiento, como en una partida de ajedrez, y cuanto más dure el juego, más cansaremos al oponente. Se trata de una máxima en la negociación con rehenes y en cualquier escuela de negocios. No cedas si crees estar en lo cierto y atisbas un resquicio legal mediante el que hacer valer tus derechos, Recuerda observar todas las fichas.

Algo está claro: siempre perderás si no lo intentas. Quien mejor reflejaba esta forma de pensar era el entrenador de fútbol americano Vince Lombardi, que decía que «los ganadores nunca se rinden y los que se rinden nunca ganan». Hay que reclamar y luchar a la más mínima oportunidad; yo mismo he presenciado multitud de victorias contra esos «lobos». Recuerda ponerte en las mejores manos y convierte todos estos trucos en una forma de vida.

Todo problema tiene un tamaño objetivo, pero cada persona lo vive a su manera. ¿Cuántas veces te han cuestionado la importancia de algo que te preocupaba? Para una persona que ya estuvo en tu piel, el tamaño del problema es de un nivel tres (siendo el nivel uno el más fácil y diez el más complicado) pero tú lo sitúas en el nivel ocho porque desconoces su solución. Los embargos, las quiebras y, en definitiva, los fracasos, pueden situarse entre el siete y el nueve, pero si hablas con quienes pasaron por lo mismo te darán las claves para que los atravieses como si su importancia fuera mucho menor.

Así piensan los ricos cuando les sucede algo, acercándose a personas que ven sus problemas de un tamaño menor y usándolos como muletas para solucionarlos más rápido. Recuerda siempre que hay personas que han resuelto lo que a ti te está costando tanto y úsalo en tu beneficio.

A veces el camino más largo es también el más fructífero. Cuando perseguimos una meta, la distancia más corta entre dos puntos no siempre es una línea recta. Dar rodeos, despistar al contrario y dar pasos de más a veces es necesario, pues es clave el desenlace y no el comienzo. Si deseas mejorar tus dotes de negociación, te invito a que visites la sección de vídeos de la web del libro, donde encontrarás un *webinar* que te ayudará a conseguir aquello que te propongas.

#LosTrucosDeLosRicos

Los ricos son pacientes, observan cuando llega un revés y se preparan para replicar como si estuviesen en un partido de tenis. Saben que, aunque la jugada sea larga, podrían ganar. No se dan por vencidos.

@juanharo

Truco 45

Tienen su dinero en cuentas bróker extranjeras

El mundo no acaba en las fronteras de tu país. Nadie nos debe quitar el derecho a movernos, ni a nosotros ni a nuestro dinero; lo contrario no es más que una forma de esclavitud. Recuerda que los ricos se centran en la seguridad y en la fiscalidad. Mediante este truco aprenderás lo difícil que puede llegar a ser ejecutar un embargo.

Un bróker es un intermediario en operaciones de compraventa en el mercado bursátil. Dependiendo del país, deberá estar registrado en una comisión u organismo que regule las empresas dedicadas a la intermediación financiera. En el caso de España, sería la Comisión Nacional de Mercado y Valores. Es importante trabajar con profesionales regulados.

Además de invertir en inmuebles, los ricos compran y venden acciones de Bolsa y participan en mercados, algo para lo que se necesita un bróker. El mundo de la Bolsa y los mercados es un lugar interesante para invertir y mantener el dinero en movimiento. A la hora de abrir una cuenta, por otra parte, pueden hacerlo a nombre de una persona física o de una empresa.

El funcionamiento es sencillo: te abres una cuenta en un bróker bursátil y envías capital para operar en Bolsa. Te podría convenir hacerlo a nombre de una empresa para cuadrar balances, y porque dicho dinero va a un banco del bróker y a una subcuenta. Por tanto, no es accesible ni para el fisco ni para nadie. Aquí es donde aparecen la seguridad y el anonimato.

Con respecto al país en el que abrir una cuenta, debes contemplar que, desde la salida del Reino Unido de la Unión Europea, éste se ha convertido en un destino predilecto al prescindir de los requisitos que se solicitan en el resto de Europa, a excepción de países como Suiza, Bélgica y Luxemburgo. En Estados Unidos también existen restricciones. España se queda a un lado al complicar el anonimato y la seguridad. Sin embargo, la fiscalidad no difiere entre países, al poder deducirte las pérdidas de la misma forma.

Otra ventaja es la facilidad para disponer de tu dinero en una subcuenta. Muchos brókeres extranjeros ofrecen una tarjeta Visa o MasterCard para que puedas disponer de tu dinero al instante, ya sea comprando o haciendo uso de cajeros automáticos. Entre ellos destacan Xm.com (Chipre, Australia, Hungría y Grecia), Fxtm (Reino Unido, Nigeria y Chipre), Just Forex (Belice, Indonesia, Letonia y Malasia), Exnes (China, Malasia, Reino Unido, Chipre y Malasia), Blackwell Global (Reino Unido), Easy Markets (Australia, Chipre, China y Polonia), Icm Capital (Reino Unido), Swiss Markets (Chipre y Alemania), FxPro (Reino Unido, Chipre y Mónaco) e Instaforex (Rusia, Guatemala, Honduras y Ghana).

#LosTrucosDeLosRicos

La Bolsa es un juego más de los ricos donde mover el dinero y obtener privacidad, seguridad y una fiscalidad mejor al hacer uso del nombre de su empresa.

@juanharo

Truco 46

Hacen planes de inversión PIAS

(entre otros)

Existe la creencia de que cuanto más ganas, más gastas. Un estudio elaborado por la página de servicios financieros Go Banking Rates revela que cerca de la mitad de personas que ganan entre 100.000 y 149.000 dólares (89.700-133.600 euros) anuales disponen de menos de mil dólares (novecientos euros) en sus cuentas. En torno a un 18 por ciento de ellos no ahorra.[2]

El informe, en el que se entrevistó a un total de 7.052 estadounidenses, demostró que la situación no mejora con quienes se embolsan más de 150.000 dólares al año (134.500 euros): un 29 por ciento guarda menos de mil dólares en sus cuentas, y el 6 por ciento no sube del cero. Lo que dicho estudio no refleja es que los ricos diversifican: parece que no hay dinero en sus cuentas, pero **lo que hacen es invertirlo en seguros de vida, de responsabilidad civil y en Planes Individuales de Ahorro Sistemático (PIAS),** similares a los primeros, en los que van haciendo aportaciones únicas o periódicas. La manera de recuperar el dinero invertido, así como los intereses generados, es a través de un rescate parcial o total. Ahora bien, el tiempo míni-

2. <https://www.elconfidencial.com/alma-corazon-vida/2016-09-22/por-que-los-millonarios-apenas-tienen-dinero-en-sus-cuentas-corrientes_1263571/>.

mo que debe transcurrir para poder rescatar un PIAS suele ser de un año desde el inicio del contrato. Si se rescatan antes de que hayan transcurrido diez años, el titular perderá la ventaja fiscal del producto.

Estos planes están pensados para fomentar el ahorro a medio y largo plazo con un modelo de aportaciones lo más sistemático posible. En otras palabras, se trata de un lugar al que destinar tus ahorros mensuales para generar un capital que te sirva como ayuda para tu jubilación o para proteger tu dinero. Entre los PIAS de entidades bancarias y de aseguradoras, los ricos prefieren decantarse por los segundos al distanciarse de Hacienda y del Estado.

No son embargables y permiten nombrar como beneficiario a una empresa o persona física, además de poder ser rescatados parcial o totalmente a partir del primer año. En caso de fallecimiento, los herederos perciben el saldo de la póliza junto a un capital adicional. Su rentabilidad se sitúa entre el 4 y el 12 por ciento en función del perfil de la cartera, al igual que ocurre en un fondo de inversión.

Por otro lado, están exentos de tributación si su capital se percibe en forma de renta vitalicia (mínimo diez años) al vencimiento. Conviene saber que, en caso de que la compañía quebrase, la devolución está garantizada por el Consorcio de Compensación de Seguros, entidad dependiente del Ministerio de Economía y Hacienda. Además de poder decidir el importe de las aportaciones, tienes la posibilidad de elegir si disponer de lo ahorrado en forma de capital, con lo que obtendrías el mismo trato fiscal que al hacer uso de fondos de inversión, depósitos y seguros, o decantarte por constituir una pensión vitalicia inmediata y aplicar al ahorro generado al mejor tratamiento fiscal disponible.

Unit Linked es un producto muy bien valorado por los ricos que se define como un seguro de vida relacionado con los fondos de inversión, a través de los que se obtiene rentabilidad, ya que las primas que se abonan se invierten en los mismos. Tienen cobertura en caso de fallecimiento, por lo que al beneficiario se le da el valor de los fondos más un capital adicional. Se puede rescatar el dinero en cualquier momento, pero, a diferencia de los

PIAS, el titular asume todo el riesgo de la inversión, por lo que ni la rentabilidad ni el rescate están garantizados, dependiendo éstos de la evolución de los mercados. La rentabilidad suele ser mayor —al tener mayor riesgo— siempre y cuando ésta sea favorable al titular y no lleve a pérdidas. Este «seguro de vida para millonarios» se puede adaptar a las necesidades de cada familia.

Todos deseamos mantener a flote el nivel de vida de nuestros seres queridos, para lo que los seguros de vida son una buena garantía. Los seguros para ejecutivos o empresarios de este tipo se pueden utilizar como elemento de traspaso de la herencia al ser ajenos a la masa patrimonial, lo que permite una mayor flexibilidad. Además, el beneficiario elige libremente al titular, pudiendo ser éste cualquier persona física o jurídica. A este respecto, los ricos nombran beneficiarios a cualquiera de sus empresas, a menudo propiedad de alguien de su entorno.

Los seguros de responsabilidad civil también son utilizados para preservar el capital. Es más, en muchas profesiones son obligatorios por ley. Cuando un directivo sale de casa cada día, en su maletín lleva el peso de su patrimonio, con el que tiene que tomar decisiones; responde con sus bienes a todos sus actos. Hace unos años nos regíamos por la Ley de Sociedades Anónimas, pero en la actualidad se debe responder en primera persona ante cualquier fallo, negligencia o denuncia. El mayor riesgo es uno de los motivos por los que el rico está pensando constantemente en mover su patrimonio, por eso recurren a este tipo de pólizas.

Utilizar estos seguros es una forma de atraer y retener a los profesionales con más talento, además de un aspecto diferenciador a la hora de elegir una compañía u otra. Las contrataciones de las pólizas de responsabilidad civil cubren los gastos que conlleva una defensa jurídica ante una denuncia, con las correspondientes reclamaciones de abogados, procuradores y demás costes. De hecho, aunque una demanda acabase siendo desestimada, si la empresa del rico no tuviese contratado un seguro estaría obligada a hacerse cargo de los gastos de defensa.

Estas pólizas cuentan con una batería de servicios de protección adicionales, cubriendo los gastos de investigaciones privadas, posibles emergencias y gestión de crisis corporativas, incluyendo —entre otras cuestiones— la colaboración de gabinetes profesionales especializados en el proceso de gestión y limpieza de imagen personal.

#LosTrucosDeLosRicos

El conocimiento profundo de los productos de las compañías de seguros ofrece a los ricos la posibilidad de diversificar su patrimonio, protegiendo sus ahorros y también a sí mismos.

@juanharo

Truco 47

Tienen cuentas numeradas *offshore*

Los medios de comunicación, el cine y la literatura han contribuido a la mitificación de las cuentas numeradas, que se diferencian de las tradicionales en que prescinden de titular, sirviéndose de una combinación de números o, con menor frecuencia, de una palabra clave. En vez de tener la cuenta a nuestro nombre o al de una sociedad, nos asignarán, por ejemplo, el número 99655 a título de la serie numérica 45863934, un recurso que se extiende al resto de documentación bancaria.

Hoy día, las regulaciones internacionales contra el blanqueo de capitales que existen en cualquier jurisdicción obligan a todos los bancos a identificar a cada uno de sus clientes. Lo que varía es la forma en la que se manejan los datos del cliente: la documentación que los contiene se suele guardar bajo llave en una localización segura a la que sólo tiene acceso un número muy reducido de trabajadores del banco, generalmente directivos o personal de confianza. En el sistema informático se introduce la numeración o palabra clave asignada, impidiendo que ningún empleado pueda saber a quién pertenece la cuenta. No obstante, la dirección sí dispondrá de dicha información, entregando esos datos a las autoridades si recibe una orden judicial o instrucción administrativa.

No es conveniente abrir una cuenta numerada en un banco de nuestro propio país, pues lo que uno busca es discreción y esto se consigue abriendo cuentas numeradas en países diferentes al nuestro. Si un ciudadano suizo entra en un banco de su país y solicita la apertura de este servicio, lo más probable es que salga de la sucursal igual que ha entrado, ya que se trata **de un producto que se reserva a aquellos clientes que tengan una relación extensa y unos depósitos considerables.**

Cuando hablamos de Suiza lo hacemos de uno de los paraísos fiscales clave. En este país existen muchas cuentas numeradas manejadas por ricos que se apoyan en una política de estricto cumplimiento del secreto bancario. Las operaciones se realizan mediante el número de la cuenta anónima y la mayoría de empleados del banco nunca llega a conocer la identidad del cliente.

El secreto bancario y las cuentas anónimas suizas están supuestamente apoyadas por el marco jurídico. Según el derecho civil, la obligación contractual entre el cliente y el banquero obliga al segundo a guardar el secreto del primero. En este país, la Ley Federal de Bancos y Cajas de Ahorro establece que el incumplimiento de la obligación de discreción será sancionado con una fuerte multa económica e incluso con penas de prisión.

Los bancos suizos concentran servicios de banca privada y gestión de patrimonio. **El 35 por ciento de los depósitos de empresas y particulares invertidos en entidades *offshore* reside en un país donde existe el secreto bancario desde principios del siglo XX.**

Abrir una cuenta numerada en Suiza es una forma de diversificar su riesgo político y financiero, disfrutando de un sistema bancario que destaca por su profesionalidad, credibilidad, discreción y privacidad. Para poder abrirla **el depósito mínimo inicial es de cinco mil euros.**

Una cuenta de este tipo no garantiza el anonimato, tiene algunas limitaciones operativas (no puedes hacer transferencias a una cuenta numerada) y mayores gastos de gestión, pero recuerda que siempre interesa mover el dinero en vez de tenerlo en un mismo lugar, banco o país de origen; así lo hacen los ricos. Existen también otras opciones eficaces para mantener la privacidad, como las cuentas corporativas a nombre de sociedades *offshore*, o estructuras más complejas como los *trust* y las fundaciones privadas, de las que hablaremos en próximos trucos.

Otro país en el que los ricos abren cuentas numeradas es Andorra, que también cuenta con el secreto bancario como reclamo. Para poder abrir una cuenta tienes que ser no residente y que nadie conozca la identidad real del titular. Después de la apertura, te conviertes en un número; sus leyes protegen los depósitos realizados en su territorio. **Como dice el dicho, «el dinero siempre está ahí, sólo cambia de bolsillos».** Y, en este caso, cambia de bancos y de países.

#LosTrucosDeLosRicos

La obsesión del rico por proteger su dinero y dotarlo de la máxima privacidad nunca desaparece, buscan el mayor anonimato posible para evitar ser embargado. Sin duda, una interesante filosofía de vida.

@juanharo

Truco 48

Invierten en bitcoins y en otras criptomonedas

Todo parece indicar que las criptomonedas han venido para quedarse. Creada en el año 2009 por Satoshi Nakamoto, un seudónimo tras el que nadie sabe quién se encuentra, el bitcoin es una moneda que sirve para intercambiar bienes y servicios, una divisa electrónica que destaca por su eficiencia, seguridad y facilidad de intercambio. Su mayor diferencia frente al resto de monedas radica en que nadie la controla, sin un emisor central como el que vigila los dólares o los euros. Las criptomonedas son producidas por personas y empresas de todo el mundo, existiendo más de 1.600 tipos.

Los ricos destinan cada vez más capital a este dinero digital. En el año 2017, el bitcoin alcanzó el valor de veinte mil dólares, con variaciones de precio constantes, algo que hace posible que se especule y se obtengan importantes beneficios. Mientras que el **dinero fiduciario (FIAT)** que usamos a diario es controlado por Gobiernos y bancos que deciden cuántos billetes imprimir, ocasionando inflación y una devaluación constante de la moneda, las criptomonedas no sufren este proceso al prefijarse un límite de unidades, lo que ocasiona que el precio suba en función de la oferta y la demanda. Tampoco hay Gobierno ni estamento financiero que las controle.

El hecho de poder enviar criptomonedas en cuestión de minutos supone toda una revolución en las finanzas. Sin bancos ni límites, la velocidad de transmisión es sorprendente, así como su seguridad. Millones de personas pueden recibir dinero sin que importe su localización y con un coste mucho menor que el que cobran los bancos. Además, no necesitas tener cuenta bancaria. Sin duda, los jóvenes son los que están más preparados para comprender esta nueva y revolucionaria tecnología repleta de ventajas tales como su uso en cualquier parte del mundo, su conversión en cualquier divisa y la eliminación de intermediarios.

Imposible de falsificar gracias a un sofisticado sistema criptográfico, las transacciones son irreversibles, prescindiendo de identificaciones al hacer negocios, algo que juega a favor de la privacidad. Se trata de dinero que nadie te puede embargar y que puede ser gastado en cualquier comercio donde acepten Visa o MasterCard. Su velocidad de envío no es comparable al de la moneda tradicional, con una comisión infinitamente menor. Si compras barato y vendes cuando el precio sube, ganarás dinero. Al tener bastante volatilidad, las criptomonedas y el bitcoin suponen un pastel muy goloso para millones de personas.

Puedes iniciarte en este apasionante mundo con unos pocos euros, ya que muchas de estas monedas apenas cuestan céntimos. Sólo necesitas internet para adquirirlas.

Es importante señalar que los marcos temporales varían con respecto a otro tipo de activos al ser una tecnología tan novedosa. Por ejemplo, en el «mundo cripto» (que es como se conoce a todo lo relacionado con el bitcoin y las criptomonedas) el corto plazo son semanas, el medio plazo meses y el largo plazo hasta dos años.

En los dos últimos años se han producido traspasos de cientos de millones al «mundo cripto» al reunir muchos alicientes que les resultan familiares a los ricos, como el anonimato, la fiscalidad favorable y la protección. Muchos bancos y empresas están lanzando sus propias criptomonedas, que cada vez cuentan con más aceptación, algo que las convierte en un producto de inversión tan codiciado como accesible.

Podemos distinguir entre quienes compran criptomonedas para venderlas cuando aumenta su valor y aquellos que las adquieren para especular a corto plazo, deshaciéndose de ellas en minutos, horas o días. Esta práctica se conoce como *tradear*. Los requisitos para hacerlo son mucho menores que si decides operar en Bolsa o en el mercado de divisas.

Un negocio extremadamente rentable hubiese sido almacenar unos cuantos bitcoins cuando no valían nada para aprovecharse de que hoy su valor se ha multiplicado por cien mil. Eso es lo que hizo en 2014 el alemán Erik Finman, que invirtió en bitcoins mil dólares que le regaló su abuela y logró hacerse rico a los dieciocho años tras cambiarlos por más de un millón de dólares. Aquí se ve la importancia de confiar en algo cuando nadie más lo hace.

Imagina que tienes trescientos euros y decides adquirir seis monedas, entre ellas bitcoins. Inviertes cincuenta euros en cada una de ellas, diversificando. Cuando cualquiera de ellas suba un 15 por ciento la vendes, obteniendo ganancias; esto es fácil que ocurra en semanas o pocos meses debido a su gran volatilidad. Además, si el valor baja la pérdida no será significativa. Si realizas este proceso en la Bolsa tradicional, el engorro sería mucho mayor. También puedes apalancarte en expertos: la empresa Unimining Bitcoins tiene un servicio de criptomonedas donde se invierte en una cesta o compras con otros socios, repartiendo las ganancias tres veces al año.

Cada vez más personas operan con bitcoins y otras criptomonedas. Además de la mencionada, entre las más famosas están Ethereum, Monero, Litecoin, Bitcoin Cash, EOS y Cardano. Si quieres saber cuánto vale cada una y tener más información de las 1.600 criptomonedas, te invito que visites la web CoinMarketCap.

En el año 2018, la capitalización de este mercado es de unos 250.000 millones de dólares, con más de 234.000 transacciones diarias en criptomonedas y un total de diez millones de carteras o *wallets* donde depositarlas. Más de sesenta mil comercios ya aceptan bitcoins, y doscientas mil personas los adquieren cada día, con los que se puede comprar viviendas, coches y un sinfín de productos. En Japón ya es un método de pago legal, mientras que en Suiza se pueden utilizar para pagar impuestos.

Exenta de IVA en la Unión Europea, más de 1.400 cajeros confirman el auge de la criptomoneda. Entre las rentabilidades de algunas de ellas, las hay con un más del 40 por ciento en cuestión de horas. Mientras que Dash obtuvo un 9.265 por ciento, Stellar presume de un 14.441 por ciento y Litecoin pasó de valer tres dólares a setenta en cuestión de siete meses, lo que supone un 2.333 por ciento de rentabilidad. Casos como el de Iota, con una rentabilidad del 649 por ciento, o el de Ripple, con el récord del 36.000 por ciento confirman el éxito de este tipo de moneda.

En esta época todo avanza a la velocidad de la luz. Ya lo decía el inversor y analista de mercados Mike Maloney: «Cada 30 años surge un nuevo sistema de mercado que lo cambia todo. Las monedas digitales, las criptomonedas, son ese nuevo sistema de mercado».

También existen otro tipo de ingresos que van apareciendo en el «mundo cripto», lejos de los controles casi policiales del mundo FIAT. Hay que decir que no es oro todo lo que reluce, ya que también existen estafadores y falacias, frente a empresas que ofrecen rentabilidades semanales o mensuales por el mero hecho de adquirir monedas (generalmente en bitcoins). **Mi recomendación es que sólo utilices el dinero que puedas perder y que empieces poco a poco.**

Existen muchas formas de generar ingresos automáticos con criptomonedas, lo mejor es informarse, aprender y experimentar por uno mismo. En escuelas digitales como La Escuela de Inversión, Cryptoinvest o Cómo vivir de las rentas con criptomonedas puedes encontrar múltiples recursos.

No se me ocurre mejor cierre para este truco que una frase del escritor estadounidense Alvin Toffler que dice que «los analfabetos del siglo XXI no serán aquellos que no sepan leer y escribir, sino aquellos que no sepan aprender, desaprender y reaprender».

Te invito a que escuches el archivo «Seis formas de obtener ingresos con el Bitcoin y las criptomonedas» que encontrarás en la sección de audios de la web del libro.

#LosTrucosDeLosRicos

El bitcoin y las criptomonedas permiten a los ricos multiplicar su fortuna, diversificarla y hacerla anónima. Si siguen caminando por los senderos menos transitados, por algo será.

@juanharo

Truco 49

Invierten en máquinas de minería de criptomonedas

«¿Te crees que tengo una máquina de hacer dinero?» Ésa era la respuesta que nos daban nuestros padres cuando les pedíamos una propina de pequeños. ¿Y si te digo que existen esas máquinas y que son legales? Comencemos explicando lo que es la minería de criptomonedas y la tecnología Blockchain que lo sustenta todo.

En cualquier sistema monetario tradicional, los Gobiernos imprimen más dinero cuando lo necesitan. En lo que respecta al bitcoin, éste no se crea, se descubre. Miles de ordenadores de todo el mundo luchan entre sí por minar bitcoins, obteniéndolos como recompensa a la resolución de un problema matemático en el que compiten infinidad de nodos, siendo la red de computación más potente que existe. Esos sistemas son los que realizan las operaciones y vigilan nodos de forma más pasiva.

Estos ordenadores los tienen personas y empresas que trabajan veinticuatro horas al día, siete días a la semana, para resolver problemas informáticos a cambio de una retribución que extraen según el ritmo de emisión. La minería de criptomonedas es la actividad computacional necesaria para procesar las transacciones que se realizan, por ejemplo, al intercambiar bitcoins por euros. Es la forma de crear dinero en la nueva economía digital.

La tecnología blockchain es revolucionaria y permite realizar operaciones financieras seguras e irreversibles sin necesidad de utilizar un intermediario. La blockchain es una enorme base de datos en la que se van apuntando transacciones. Todo funciona por consenso de las partes; no se puede ni borrar ni modificar el pasado, ni tampoco operar fuera de las normas de la red. Todas las gestiones se van agrupando en bloques y para validarlas, los mineros deben encontrar una especie de clave informática llamada *hash*. Se trata de fórmulas matemáticas que sintetizan en muy pocos caracteres una gran cantidad de información. No hay dos iguales, cada bloque cuenta con uno nuevo y con el anterior, como una especie de sello.

Existen dos tipos de minería: la que se lleva a cabo en la nube y la física. La primera (*cloud mining*) se desarrolla en un centro de datos remoto con poder de procesamiento compartido, por lo que no hace falta que tengamos máquinas en nuestra casa, empresa u oficina. Este tipo de minería permite a los usuarios obtener diferentes criptomonedas sin necesidad de preocuparse por instalar ningún software, por poseer el hardware adecuado o por el gasto eléctrico. Algunas empresas de minería en la nube son Genesis Mining, Hasflare y Bitclub Network.

La minería física es aquélla en la que el proveedor actúa como distribuidor y proveedor al mismo tiempo. Esto supone la eliminación de terceras partes, por ejemplo, de un centro de negocios. En ella, una empresa proporciona todo el hardware necesario. Un ejemplo sería Unimining Bitcoins.

La minería lleva años funcionando; no pueden existir criptomonedas ni bitcoins si no lo hace la tecnología blockchain o los mineros, todo forma parte del mismo ecosistema. Hoy día no es rentable trabajar desde casa con uno o varios ordenadores debido a su dificultad y al alto coste de la electricidad. Existen máquinas que obtienen bitcoins y ordenadores llamados GPU que permiten minar otras criptomonedas. Siempre puedes pasar el dinero digital a euros o dólares.

Acceder a la minería es algo viable para cualquier bolsillo, ya que se puede empezar con treinta euros e ir adquiriendo potencia con tu tarjeta de crédito o débito, así como por transferencia bancaria. No es algo reservado a unos pocos.

A los ricos les gusta la minería por las ventajas fiscales que se obtienen al invertir como empresa en máquinas donde juegan con el beneficio del negocio, por tener el dinero diversificado y porque no pueden embargarse ni los bitcoins ni las criptomonedas. La privacidad, la posible revalorización y lo barato que resulta obtener este tipo de monedas a través de la minería suman puntos a una práctica que permite el anonimato al asociarse a una tarjeta MasterCard o Visa, que ofrece rentabilidad mes a mes y que se puede dejar en herencia a nuestros seres queridos.

Estamos en una nueva era en la que todo se ha digitalizado, desde la música hasta el dinero, con cada vez más aplicaciones, proveedores y plataformas de intercambio de criptomonedas (*Exchanges*). Mientras que los jóvenes están viviendo estos avances con naturalidad, el resto debemos prepararnos para ello. Te invito a que veas el *webinar* titulado «La minería de bitcoins como alternativa para todo inversor» en la sección de vídeos de la web del libro.

El fundador de Virgin y magnate de los negocios Richard Branson dijo lo siguiente: «Yo he invertido en criptomonedas porque creo en el potencial y la capacidad de transformar globalmente las formas de pago». Por su parte, el creador de Visa, Dee Hock, añadió: «Bitcoin no es sólo el futuro de los pagos, sino también el de la gobernabilidad». Concluyamos con lo dicho por el famoso empresario Bill Gates: «En el futuro todas las transacciones se harán con criptomonedas».

#LosTrucosDeLosRicos

Nunca en la historia han existido tantas formas de hacer dinero, incluso desde casa. La minería de criptomonedas es una de ellas y los ricos lo saben. La riqueza comienza en la forma de pensar.

@juanharo

Truco 50

Invierten en ICOs

La Oferta Inicial de Moneda (ICO) es un sistema de financiación que usan las compañías de blockchain para obtener fondos y darle valor a las monedas que usan en sus servicios o aplicaciones (tokens). En lugar de acciones, los inversores adquieren este tipo de divisas para interactuar y usar la aplicación de la empresa.

Similar a un proceso de venta público, las compañías organizan un sistema pre-ICO, su marketing y ponen en lista a las casas de cambios del token. La ICO empieza en una fecha concreta y está disponible durante un período de tiempo definido, teniendo un número mínimo de tokens para que el proyecto sea viable y uno máximo que suponga la venta de todas las unidades de valor necesarias.

Como parte del proceso pre-ICO, la compañía presenta un documento denominado *Whitepaper* en el que explica con detalle el modelo de negocio y su plataforma, así como la tecnología que va a usar. Por ejemplo, el *Whitepaper* de una nueva empresa tecnológica denominada Urbit señala que desea revolucionar el mercado inmobiliario con su nueva criptomoneda.

Estás leyendo bien: los emprendedores, empresarios y negocios relacionados con esta nueva metodología ya no se financian solicitando euros o dólares a los bancos. No los necesitan para crear empresas con millones de capital, los recaudan a través de criptomonedas que las personas aportan desde su ordenador y sin cuenta bancaria. Un proceso limpio, rápido, anónimo y sin intermediarios. Así se financian las empresas, que deben convencer con su proyecto y aportar confianza para que la gente invierta.

Después de la ICO, los tokens se sitúan en la lista de *Exchanges* públicos facilitando liquidez a los inversores. Algunos tokens han experimentado una increíble revalorización, ofreciendo un asombroso retorno de la inversión. Por supuesto también los hay con balances negativos, pero los ricos confían en expertos que les orientan sobre dónde invertir. El capital percibido por las ICOs está creciendo exponencialmente: pasamos de los doce millones recaudados por Gnosis en unos minutos a los treinta millones de Bancor que rompieron todos los récords al ingresar 170 millones de dólares en tres horas. Hasta la fecha se han recaudado alrededor de 6,4 mil millones de dólares a través de ICOs, celebrándose en 2017 un total de setecientos y aumentando durante el mismo año un total de 6,1 billones de dólares. Todas ellas tuvieron un promedio de recaudación de dieciséis millones.

Si quieres participar en una ICO, lo primero que debes hacer es comprar bitcoins o Ethereum, ya que no podrás participar con moneda fiduciaria. El siguiente paso es ponerlo en un monedero compatible (suelen ser listados) y estar disponible en el momento justo para comprar tus tokens. Las ICOs pueden durar minutos o incluso segundos, tras lo que aquellos tokens que hayas comprado serán enviados a tu monedero. Para vender puedes dirigirte a un *Exchange* público como Kraken o Bittrex, mientras que en el caso de querer mantenerlos simplemente deberás almacenarlos en tu cartera digital (*wallet*). Puedes informarte de las próximas ICOs en Reddit y Tokenmarket. Las buenas ICOs procuran ofrecer al público la mayor información y transparencia posible.

Si quieres tener mayores posibilidades de éxito al invertir en ICOs, te recomiendo que entiendas de qué trata el proyecto, qué problema resuelve y si tiene sentido el negocio, además de leer su *Whitepaper* y comprobar su coherencia. Infórmate de qué beneficios ofrecen por la compra anticipada de tokens y de quién integra el equipo (busca en LinkedIn y Google sus trayectorias), qué campañas realizan en redes y de qué manera pretenden darse a conocer. Recuerda confirmar si el capital que solicitan tiene congruencia. Cuanta más moneda emitan, menor será su valor futuro.

También es positivo saber qué número de tokens van a repartir y qué porcentaje se van a quedar los fundadores y la compañía. ¿Son realistas las fechas que definen la hoja de ruta del proyecto? ¿Cómo es el plan de gasto de fondos? Y, recuerda, nunca inviertas más de lo que estés dispuesto a perder: son operaciones que conllevan riesgo, por lo que aconsejo diversificar en diferentes ICOs.

En cuanto a los beneficios de las ICOs está el hecho de poder participar con poco dinero (algunas imponen un mínimo), la gran rentabilidad que logran en pocos meses y la posibilidad de guardar durante años las criptomonedas con la previsión de un golpe de suerte ante un gran proyecto. Hablamos de procesos anónimos que permiten la participación desde tu domicilio, aunque siempre se recomienda contar con conocimientos mínimos para evitar estafas. Cualquiera puede formar parte de ellas, sin necesidad de intermediarios, con la ventaja de que se pueden cambiar las monedas por la divisa de tu país cuando salen a cotizar en un *Exchange*. Podrías ser uno de los primeros en tener una criptomoneda recién nacida cuyo valor se revalorizaría, como en el caso de Apple, además de pagar servicios de forma más económica al ejercer de tenedor y diversificar participando en varias ICOs.

No es tarea sencilla invertir en ICOs. Como vimos en el truco 10, hay dos vías: la activa, que te informes y aprendas; y la pasiva, que unos profesionales se encarguen de hacerlo por ti. Los ricos suelen decantarse por esta última. Si éste es tu caso, te aconsejo que te apalanques en el conocimiento de empresas como Cryptoinvest, Xatafi Management y Unimining Bitcoins.

#LosTrucosDeLosRicos

Uno de los recursos que utilizan los ricos es diversificar y apalancarse en profesionales. Corren riesgos, pero medidos. Son curiosos y les encanta lo desconocido, interesándose e invirtiendo en la Oferta Inicial de Moneda (ICO).

@juanharo

Truco 51

Se rodean de gente con talento

El autor del libro *¡Vive sin trabajar!*, José Castelló, recuerda que en su etapa como director de empresa tuvo que realizar un proceso de selección de personal. Necesitaba cubrir un puesto, para lo que se le ocurrió una idea que suprimía las largas pruebas habituales: la persona que acertase la respuesta a una simple pregunta se quedaría con el trabajo. La cuestión era la siguiente: **«¿Cuál es la habilidad más importante que debes tener para que la empresa te contrate a ti?».** La actitud, la buena relación con los compañeros, la excelencia y dar lo mejor de uno mismo fueron algunas de las ocurrencias de los candidatos. Sólo uno de los quinientos interesados dio con la clave: «ser capaz de hacer ganar dinero a la empresa». Aunque el resto de respuestas no eran disparatadas, a veces olvidamos que si una empresa no gana dinero termina cerrando. Y los ricos lo saben, porque están atentos al potencial del entorno.

Todos tenemos talentos, un término inherente a la inteligencia que habla de la capacidad para ejercer una ocupación o para desempeñar una actividad. El talento suele estar asociado a la habilidad innata y a la creación, aunque también puede desarrollarse con el entrenamiento. Muchas veces destinamos nuestro tiempo a áreas en las que no destacamos. Si eres bueno en algo, serás capaz de hacer más dinero. ¡Explótalo! Es tu don, ya sea genético o practicado.

Vemos que los ricos buscan el apalancamiento en dinero y en tiempo. Si otros saben hacer estupendamente una cosa, para qué hacerla yo. En Japón se suele practicar la rotación en las empresas con el objetivo de descubrir el talento de cada empleado, y eso hacen los ricos: conocen personas y hablan con multitud de profesionales para saber en qué brillan. Son capaces de identificar si alguien sabe vender, motivar, entender sobre fiscalidad internacional, crear negocios, conseguir financiación, tratar con inversores, seducir a una legión de seguidores, comunicar, hacer presentaciones...

Un rico no lo es porque sea un as en todo, sino porque sabe dónde está el talento de los demás, e intenta llegar a acuerdos que puedan beneficiar a ambos mediante contratos, creando empresas y departamentos nuevos, o planteando nuevas áreas de negocios. También los llaman para situaciones puntuales. Sus agendas están llenas de personas que saben hacer una o varias cosas de forma excepcional.

Son conscientes de que nada es eterno y de que los proyectos pueden concluir, pero siempre dejan la puerta abierta por si existen nuevas colaboraciones, aunque sea dentro de unos años. Los ricos procuran dejar buenos recuerdos; evolucionamos constantemente, iniciamos y finalizamos actividades, pero siempre recordamos a quienes se han portado bien con nosotros, generando más posibilidades de volver a hacer negocios con ellos. Nada está escrito, todo está en la emoción. Te invito a que leas el texto titulado «El joven que montó un negocio de un millón de euros» que encontrarás en la sección de artículos de la web del libro.

Hay talento por todas partes, sólo debes tener los ojos bien abiertos. El escritor y manager de empresas Jim Collins nos habla de **la teoría del autobús,** según la cual cada uno de nosotros vamos montados en uno. Tú conduces el tuyo y lo diriges hacía donde quieras, a veces, incluso sin un lugar definido. En tu autobús hay gente que has elegido y otras tantas que no. Según Collins, es vital que invites a bajarse a aquellas personas que te resulten tóxicas o críticas, mientras que animas a subirse a aquellas personas vitales, con talento y energía. Esto marcará el nivel de éxito en tu vida.

#LosTrucosDeLosRicos

Ya lo decía el escritor Elbert Hubbard: «Existe algo mucho más escaso, fino y raro que el talento. Es el talento para reconocer a los talentosos».

@juanharo

Truco 52

Muchos no pagan la cuota de autónomos ni la Seguridad Social

A veces seguimos el camino habitual sin plantearnos alternativas. Recordemos que el estilo de vida viene marcado por la libertad de movimientos, ya hablemos de personas, de capital, de empresas o de finanzas. Cumpliendo el marco legal, los ricos se acogen a la opción de evitar pagar la cuota de autónomos con el fin de evitar todo gasto superfluo. Si para montar una empresa o negocio existen alternativas, seguramente sea una opción a considerar. Por ejemplo, si tengo un seguro médico privado, para qué hacer un doble gasto pagando la Seguridad Social. A la hora de acometer una acción debemos preguntarnos por qué y para qué con el objetivo de diagnosticar si seguir adelante o buscar otras opciones. Lógicamente, dejar de lado la Seguridad Social supondría no recibir pensión alguna por no haber cotizado, algo que no preocupa a los ricos porque obtienen más beneficios que pérdidas.

Existen cuatro formas de generar ingresos: ser autónomo, trabajar por cuenta ajena, mediante dividendos por diferentes empresas o a través de inversiones realizadas. Si formas parte de las dos primeras opciones, estarás obligado a pagar seguros sociales. El desarrollo por cuenta propia de cualquier actividad económica obliga al alta en el Régimen de Autónomos;

según la legislación, la cotización es necesaria desde el momento en el que se comunica el alta en Hacienda, aunque varias sentencias admiten una serie de excepciones. Aun así, nos quedan dos vías mediante las que la ley nos libra de pagar.

Se eximiría del alta a aquellas personas que no realicen una actividad de manera habitual y a quienes no alcancen con ella el salario mínimo interprofesional, cumpliéndose ambas circunstancias de forma simultánea. Es decir, se libera del pago de la cuota de autónomos a aquellos que no realicen su actividad de manera continuada, siempre que no obtengan unos ingresos superiores a 9.034,20 euros anuales. Por otra parte, en el caso de no ser residente fiscal en España (es decir, si vives un mínimo de 183 días anuales fuera del país) podrías evitar el alta como autónomo y el pago de la Seguridad Social.

Recordemos que los ricos cobran de múltiples formas, como veíamos en el truco 32. Al empezar un negocio o plantearnos hacernos autónomos aparece el problema de los pagos a la Seguridad Social, sin que importe si facturas o tienes una actividad. Una de esas barreras es una cuota mensual, que, en comparación con otros países de la Unión Europea, no es precisamente económica.

En España se paga cada mes en torno al 29 por ciento de la base de cotización que se haya elegido. Teniendo en cuenta que más del 80 por ciento de autónomos escoge la base mínima de cotización de 919,80 euros al mes, la cuota de autónomo asciende a 275 euros mensuales en 2018. Mientras tanto, la tarifa mínima en Reino Unido es de 14 euros al mes si los ingresos mensuales no superan los 600 euros, estableciendo el coste en función de los ingresos que se perciban. En Irlanda no existe cuota mensual, abonando el 5 por ciento de los ingresos a efectos fiscales. En Alemania la cuota asciende a los 140 euros en el caso de que al mes se ingresen más de 1.700 euros. Si no se supera, no hace falta ninguna aportación. En Portugal ni existe cuota ni es obligatorio pagar el IVA, siempre en función de los ingresos. En territorio italiano tampoco hay cuota, con pagos a Hacienda en función de las ganancias, alrededor de un 20-30 por ciento. En Francia no se paga el primer año.

Si montas una Sociedad Limitada (SL) en España, el administrador debe pagar la cuota de autónomos societarios, que asciende a los 344,69 euros mensuales. Puede hacer eso o nombrar administrador a alguien que ya esté pagando autónomos, librándose así de volver a pagar. Este truco lo utilizan muchos empresarios.

Si tu actividad no tiene un lugar físico abierto al público o si tus clientes son más bien del mundo tecnológico o de diferentes países, otra alternativa es montar una sociedad donde no se imponga el pago de la Seguridad Social, como es el caso de Estonia. Al ser tan complejo montar una sociedad en España, cada vez más jóvenes se decantan por crear su empresa en otros países. Si deseas informarte mejor sobre Estonia y sus posibilidades, te recomiendo que leas el texto titulado «Por qué montar una empresa en Estonia puede ser una buena opción para cualquiera», en la sección de artículos de la web del libro. Y si quieres saber más sobre cómo ahorrar impuestos y vivir con más libertad como emprendedor, te invito a visitar la web Librestado.

El psicólogo y filósofo William James aseguraba que «cuando debemos hacer una elección y no la hacemos, ya estamos eligiendo». El conferenciante Stephen Covey aseguró, por su parte «no ser producto de sus circunstancias, sino de sus decisiones».

#LosTrucosDeLosRicos

Uno es libre de hacer elecciones, pero es prisionero de las consecuencias. La buena noticia es que todo es posible actuando «fuera de la caja», buscando maneras legales poco conocidas incluso en el pago de impuestos.

@juanharo

Truco 53

Empresas con IVA y sin él

Decía el expresidente de Estados Unidos, Ronald Reagan, que «el contribuyente es una persona que trabaja para el Gobierno, pero sin haber hecho las oposiciones a funcionario». **Todos recaudamos impuestos y se los pagamos religiosamente a Hacienda, algo que también ocurre con el IVA.** No nos pagan por esta labor, pero nos castigan si no la llevamos a cabo. Sería bueno averiguar cómo podemos beneficiarnos fiscalmente.

Los ricos preguntan hasta dar con la respuesta que satisfaga sus necesidades. Por este motivo, es positivo contar con más de un punto de vista en busca de soluciones poco convencionales. A los hombres de negocios les preocupa facturar y tener clientes, pero también saber cómo ahorrar a través de una carga fiscal menor, esto hará que tengas que trabajar menos. Si tienes una empresa o negocio y comercializas productos o servicios, este truco va dirigido a ti.

Entre los productos y servicios que no tienen IVA están la Sanidad, los servicios postales, las Federaciones Deportivas, los productos financieros, algunos productos inmobiliarios (como el alquiler de viviendas, rentas o terrenos rústicos), las prestaciones por la Seguridad Social, las operaciones de seguros, los servicios educativos y los culturales.

En el caso de cobrar rentas o alquileres, te encontrarás en la tesitura de facturar con IVA o sin él. Todos los alquileres de locales comerciales, oficinas y otros inmuebles que se realicen a nombre de una empresa o sociedad están obligados a pagarlo. Lo que hacen los ricos es que si tienen inmuebles, productos o servicios que no pueden cobrar IVA los derivan a una de estas sociedades, mientras que si pueden declararlo (como las rentas de un local) lo contabilizan por otra empresa. Esto permite compensar el IVA de las facturas de proveedores. Un pequeño e interesante truco legal de ahorro.

Estoy muy de acuerdo con una frase del gran político y escritor Winston Churchill: «Una nación que intente prosperar a base de impuestos es como un hombre con los pies en un cubo tratando de levantarse tirando del asa».

#LosTrucosDeLosRicos

A los ricos les encanta fijarse en la fiscalidad y ahorrar en impuestos, siguiendo la máxima del economista británico John Maynard Keynes: «Evitar los impuestos es el único esfuerzo intelectual que tiene recompensa».

@juanharo

Truco 54

No tienen planes de pensiones o los han rescatado

Un Plan de Pensiones es un producto financiero de ahorro orientado a la jubilación en el que el inversor efectúa aportaciones periódicas que permiten disponer de un capital o una renta en el momento del retiro laboral y en caso de incapacidad o fallecimiento. Estos planes están dentro de la categoría de fondos de pensiones y se encuentran sometidos a supervisión e inspección por parte de la Dirección General de Seguros y Fondos de Pensiones, un organismo dependiente del Ministerio de Economía. Las gestoras invierten en renta variable o fija para conseguir una rentabilidad extra a los ahorros depositados. Por este motivo, no se garantiza una rentabilidad inicial.

Hay que diferenciar entre un plan de pensiones y uno de jubilación. Es importante tener en cuenta que el primero es un vehículo financiero de ahorro colectivo instrumentalizado en un fondo de pensiones, mientras que el de jubilación está basado en un seguro. Otra diferencia importante se refiere a la liquidez del ahorro: en el caso del plan de pensiones se encuentra restringida a determinadas contingencias. La jubilación es la principal, pero existen otras.

Si no se acredita alguna de las situaciones contempladas en su reglamento, no es posible disponer del ahorro. Llega un momento en el que los ricos deciden rescatar lo entregado para invertirlo en otros productos financieros con mayor rentabilidad.

El cobro anticipado puede llevarse a cabo **en caso de fallecimiento del titular,** tanto en el período en que se realizan las aportaciones (partícipe) como en el de cobro de prestaciones (beneficiario); **si se produce una incapacidad laboral considerable,** según el régimen correspondiente de la Seguridad Social; **por enfermedad grave acreditada** con un certificado médico, siempre que ésta provenga de una dolencia física o psíquica que incapacite durante un período mínimo de tres meses y que requiera una intervención clínica de cirugía mayor o tratamiento; **por una dolencia o lesión física o psíquica con secuelas permanentes** que limiten o impidan la actividad habitual, requiera o no de la asistencia de otras personas y, por último, **en caso de paro de larga duración** (más de un año), siempre que el titular esté inscrito en el Servicio Público de Empleo Estatal (SEPE) y no perciba prestaciones contributivas.

Si hablamos de planes de jubilación, éstos pueden rescatarse en cualquier momento, siempre en función de las condiciones acordadas, es posible que se aplique alguna penalización por operar fuera de plazo. Lo cierto es que no es oro todo lo que reluce, y existen una serie de factores que hacen desconfiar a los ricos, entre los que destacan los impuestos que se cobran al retirar el dinero (llegando a veces a superar a los propios beneficios), y que dificultan la liquidez, ofreciendo menos rentabilidad que un fondo de inversión u otros productos e introduciendo comisiones de gestión y de depósito. Además, no están garantizados en caso de crisis económica, lo que nos podría llevar a perderlo todo.

A los ricos les gusta el control, y los planes de pensiones son todo lo contrario. ¿Qué sentido tiene abandonar un dinero que difícilmente volverá a nosotros en muchos años? Pensemos en otras vías: en el año 2064, la esperanza de vida de las mujeres será de 95,8 años, frente a los 87,9 años actuales; la de los hombres rondará los 92,4 años (hoy, ochenta y cuatro). Eso significa que una mujer que se jubile a los sesenta y cinco, tendrá por delante más de treinta años de vida, mientras que un hombre que deje de trabajar a la misma edad vivirá de media otros 27,4.

Por eso mismo debemos saber mover nuestro dinero, para que éste trabaje por nosotros. Entregarlo a terceros (sabiendo a quién) en busca de una rentabilidad a corto o medio plazo es buena idea, sin embargo, dejárselo (a largo plazo) a gente que no conoces es dejar nuestro futuro en manos desconocidas. Millones de personas confiaron durante su vida profesional en su pensión o plan de jubilación y ahora malviven con muy poco cada mes, algo que los ricos saben e intentan evitar.

Te animo a repasar los planes de ahorro que vimos en el truco 46, además de presentarte otras alternativas para preparar tu retiro, algo que puede suceder mucho antes de lo que piensas, como saben los ricos. Plantéate el uso de una cartera equilibrada de acciones (valores de Bolsa), de fondos de inversión que cotizan de forma similar a una acción y suelen replicar un índice, de planes de previsión asegurados (una modalidad de seguro de vida que combina el ahorro) y de rentas vitalicias que convierten tu dinero en un pago periódico.

En España ahorramos un 6 por ciento de lo que ingresamos, mientras que países como Francia, Alemania y Austria presumen de porcentajes que van del 13 al 18 por ciento. En Suecia, por otra parte, la edad de jubilación es flexible, situándose entre los sesenta y uno y los sesenta y siete años. Un dato más: en 2050 habrá 76 jubilados por cada cien trabajadores.

Recuerda que no basta con ahorrar y que debemos aprender a mover el dinero para lograr que crezca. El 60 por ciento de las personas que cuenta con grandes patrimonios no quiere jubilarse y aspira a permanecer en activo más allá de la edad reglamentaria, según un informe publicado por la gestora de patrimonios de la compañía de servicios financieros Barclays a partir de una muestra de dos mil inversores con altos patrimonios de veinte países de distintos continentes.[3] Esta forma de pensar es una tendencia global que predomina en zonas emergentes.

Así, territorios como Emiratos Árabes Unidos, Arabia Saudí y Sudáfrica reconocen que se sienten económicamente respon-

3. <https://www.euribor.com.es/foro/economia-bolsa-y-actualidad/10529-ricos-nunca-se-jubilan-nevertirees.html>.

sables de su descendencia, mientras que quienes viven en países desarrollados no sienten esa responsabilidad, con Suiza, Japón y Estados Unidos en cabeza.

Te invito a que leas el texto titulado «Por qué los ricos nunca se jubilan», publicado en *The Wall Street Journal*, que encontrarás en la sección de artículos de la web del libro.

#LosTrucosDeLosRicos

Pensar en jubilarse o en un plan de pensiones no está entre los planes de los ricos, que disfrutan de lo que hacen. Para la mayoría, el trabajo es estresante y tedioso, para los ricos sólo es un juego.

@juanharo

Truco 55

Tienen administradores de confianza en sus empresas

Toda empresa constituida en España y con actividad debe contar con un administrador, que represente a la sociedad ante terceros. En muchas compañías, éste gestiona los problemas del día a día. Los ricos no suelen administrar sus empresas, pero sí toman las decisiones.

Existen administradores únicos, mancomunados y solidarios. En el caso de estos últimos, cada uno puede actuar y representar de forma independiente a la sociedad. En cambio, en el caso de los mancomunados, cada acción que lleva a cabo la empresa deberá acordarse de forma conjunta por todos los administradores, que pueden ser tanto personas físicas como jurídicas.

El administrador, nombrado por los socios, puede ser parte de la empresa o alguien ajeno a la misma. En primer lugar, quien ejerza este cargo debe desempeñarlo de forma diligente y defender los intereses de la sociedad, además de guardar secreto de toda información confidencial de la compañía, aun después de dejar sus funciones. Por eso, no puede comunicar a terceros ningún dato que pueda perjudicar a la empresa.

Una de las grandes preguntas es si pueden embargar los bienes del administrador en caso de que existan deudas.

La Ley de Sociedades de Capital establece que una sociedad se encuentra en causa de disolución cuando se acarrean pérdidas que reduzcan su patrimonio neto a una cantidad inferior a la mitad de su capital social. Para evitar esta situación, la empresa debe aumentar su capital o reducirlo en la medida suficiente, siempre que no proceda solicitar la declaración de concurso de acreedores.

En caso de que la empresa se encuentre en causa de disolución, el administrador tiene la obligación de convocar a la junta general en un plazo de dos meses con el objetivo de adoptar los acuerdos que estimen convenientes, ya sea aprobar la disolución, pactar un aumento o reducción de capital o, si fuera necesario, acordar que se presente la solicitud de concurso de la sociedad.

Si el administrador no llegara a cumplir con esta obligación, responderá solidariamente de las deudas frente a cualquier acreedor que adquiera la compañía de forma posterior a la causa de disolución. No lo hará por los actos o deudas de la sociedad, siempre y cuando actúe de forma diligente. Para eso, es imprescindible que conozca cuáles son los límites de sus funciones y las obligaciones específicas de su cargo según la ley, los estatutos sociales o las responsabilidades derivadas de un acuerdo de socios.

La conclusión es clara: si no existe mala fe y se evita falsear o realizar aberraciones fiscales o delitos, un administrador no tiene motivo para temer. Por este motivo, muchos ricos nombran en este cargo a personas de confianza. Estas personas, como administradores, están obligados al pago de autónomos lo que supone un coste añadido para la empresa. Para evitarlo, los ricos suelen poner a un administrador que ya esté cotizando, evitando un gasto superfluo que, además, les permite mantener su anonimato.

El administrador figura en el Registro Mercantil sin que esto quiera decir que sea socio de la compañía. Existen contratos privados que firman los socios o propietarios con el nuevo administrador en los que se especifican las responsabilidades e incluso la exención de las mismas y la inhabilitación en caso de que aparezca el más mínimo problema. Son garantías privadas que se establecen para que el administrador pueda proceder, pactando incluso algún tipo de remuneración. Se trata de que todas las partes salgan beneficiadas.

Es relevante que el nuevo administrador nos firme una carta de cese de sus funciones con la fecha en blanco por si existiese algún problema. Así, el rico tiene el control de la empresa y evita que se lleven a cabo gestiones a su espalda. De todas formas, quien administra la empresa son los ricos o el gerente que éstos decidan; el administrador no es más que un maniquí que preserva la privacidad del titular real de la sociedad.

Otro motivo por el que utilizan este truco es porque de esta manera pueden seguir operando en el caso de tener deudas. Lo importante es ser claros con quien queramos hacer administrador de nuestras sociedades. No es extraño en el mundo de los ricos ver a un par de personas administrar decenas de empresas, al final todo es un juego de confianza.

#LosTrucosDeLosRicos

Los ricos delegan la administración de sus negocios en personas de confianza. Tienen sus activos dentro y sus vidas y patrimonio coordinados por administradores que miran por la empresa y la supervivencia de los ricos.

@juanharo

Truco 56

Conocen los vacíos legales

La sabiduría es la capacidad de aplicar el conjunto de conocimientos y experiencias vividas de forma sensata, de modo que nos lleve a una evolución o resolución positiva. Conocimientos y experiencias, así de simple.

Los vacíos legales podrían definirse como la ausencia de reglamentación legislativa en una materia concreta, son recovecos donde un buen asesor o abogado puede agarrarse para cambiar una resolución, sentencia o dictamen. Los Estados o Gobiernos elaboran leyes para ir llenando todos los vacíos legales que identifican mientras que los ricos vuelven a encontrar nuevos vacíos una noria de la que se aprovechan aquellos que tienen conocimiento. Lo vemos con los bancos cuando reclaman los gastos de hipoteca o las famosas cláusulas suelo.

Supongamos que eres el ministro de Interior, por lo que ejerces la disponibilidad de las partidas presupuestarias y existe una que se destina para la seguridad del despacho. Como titular, contratas un sistema de alarmas, cambias las ventanas, renuevas las puertas y sustituyes el muro perimetral de la casa por una verja de lujo con dinero del ministerio. Estaríamos ante un delito de corrupción administrativa pero al ser juzgado te dejarían libre por haberte gastado el dinero en tu propia seguridad.

Aquí existe un vacío legal, algo que también sucede en el mundo empresarial.

En el año 1982, coincidiendo con la celebración del Mundial de Fútbol en España, se creó una ley que prohibía la reventa de entradas de eventos en la calle o en cercanías de estadios. Hablamos del Reglamento General de Policía de Espectáculos Públicos y Actividades Recreativas. Dicha norma prohíbe «la venta y la reventa callejera o ambulante de localidades». No busquen alguna mención a la especulación llevada a cabo por teléfono o internet, porque sencillamente no la encontrarán, algo que provoca un vacío legal.

Otro ejemplo es el caso de las plusvalías. ¿Qué ocurre si vendes por debajo del importe que dictamina la Comunidad Autónoma? En teoría, y en la práctica, no existe incremento de los terrenos, por lo que no deberías pagar dicho impuesto, aunque mucha gente lo hace. Aquí no hay un vacío, sino algo ilógico ante lo que cada vez más gente recurre.

Ahora imaginemos que tenemos que presentar a Hacienda la declaración sobre bienes y derechos situados en el extranjero (modelo 720) y que dispones de cincuenta bitcoins. Según la ley, deberías declarar dicho capital al tenerlo en un *Exchange* en otro país, pero ¿qué ocurre si tus criptomonedas se encuentran en un monedero similar a un USB que puedes llevar en tu bolsillo? Dos de los dispositivos de este tipo más conocidos son Trezor y Ledger Nano, que te permiten llevar el banco en tu mano. Al tener tu dinero encima, no deberías declararlo. Este truco me lo enseñó mi gran amigo Adrián Bernabéu, experto en el mundo de las criptomonedas y cofundador de la empresa Cryptoinvest.

Quienes conocen bien las leyes aprovechan cualquier resquicio legal para poder seguir adelante con sus negocios, mientras que el resto navega con el viento en contra. No olvidemos nunca lo que decía el actor, escritor y productor estadounidense Steve Martin: «Sé tan bueno que no te puedan ignorar».

Finalizamos con dos frases sobre el valor que tiene disponer de la información correcta. Según el sociólogo y filósofo Zygmunt Bauman, «es estéril y peligroso creer que uno domina el mundo gracias a internet cuando no se tiene la cultura suficiente para filtrar la información buena de la mala». Por otra parte, el astrónomo y escritor Carl Sagan aseguró que «saber mucho no es lo mismo que ser inteligente. La inteligencia no es sólo información, sino también juicio, la manera en que se recoge y maneja la información».

#LosTrucosDeLosRicos

Los ricos saben que disponer de la información no es suficiente, necesitan encontrar vacíos legales para lograr un significado contrario al popular. Ven lo que pasa desapercibido para mucha gente y esto marca la diferencia.

@juanharo

Truco 57

Utilizan a su conveniencia los concursos de acreedores

Un concurso de acreedores es un procedimiento legal que se produce cuando una persona física o jurídica no puede hacer frente a los pagos que adeuda, abarcando las situaciones de quiebra y suspensión de pagos. La empresa tiene que pasar por verdaderas dificultades económicas que prevean su deterioro y por un proceso de saneamiento en el que los acreedores ven satisfechas sus deudas y la actividad de los trabajadores no acaba siendo extinguida.

Por un lado, existe la solicitud voluntaria, que es realizada por la persona física o responsable de la sociedad en el caso de las empresas. En este contexto, el empresario individual o societario es quien, al tener conocimiento de la posible quiebra de la empresa o de una situación de insolvencia aún no declarada, cuenta con la obligación de presentar la solicitud del concurso en un plazo máximo de dos meses. Por otro lado, la solicitud forzosa se da cuando el concurso es fruto de un requerimiento de un acreedor o de alguno de los socios de la empresa, generalmente disconforme con la dirección. Un juez tramitará la solicitud del concurso de acreedores y decidirá si se aprueba.

Para solicitar un concurso, la empresa debe ser insolvente. La Ley Concursal entiende por insolvencia del deudor la imposibilidad de hacer frente a los pagos; no basta con que la empresa haya dejado de pagar a un acreedor, sino que tiene que haber dejado de pagar a la mayoría de ellos. Para realizar el concurso de acreedores el juez encargado del auto nombra al administrador concursal, que tendrá como principios el pago de las deudas a los acreedores y la salvación o continuidad (si fuera posible) de la empresa.

La primera función del administrador concursal es la de elaborar un informe en el que exprese la situación actual de la empresa y cómo se ha llegado a la insolvencia. Para conseguirlo, el concursado deberá facilitarle toda la información y documentación que le requiera, tanto del año presente como de los anteriores. Otra de sus funciones principales es la de dirigir las acciones económicas del concursado (despedir empleados, contratar personal, vender activos...), de forma que se pueda seguir llevando a cabo su actividad económica y atenuar su situación de insolvencia.

Si se llega a un acuerdo se firma el convenio del concurso de acreedores con los nuevos plazos y cantidades pactadas en cada caso y la empresa prosigue su actividad con normalidad, poniéndose —poco a poco— al día con sus acreedores. Hay negocios que remontan tras el recurso y otros que acaban quebrando y entrando en proceso de liquidación.

Como podemos ver, cuando iniciamos un concurso de acreedores cedemos el control de la empresa y de todos sus activos al administrador concursal. Los dueños de la sociedad no tienen ni voz ni voto, y es aquí donde se producen muchos abusos, como la venta de activos e inmuebles de la sociedad por un valor fuera de mercado. Así es como se enriquecen algunos administradores concursales.

Los ricos se aprovechan de ello provocando concursos a su conveniencia, algo que conlleva un proceso calculado y medido para extraer todo lo que es de valor, realizando ampliaciones de capital de los inmuebles y desviando facturación para provocar pérdidas. Es una forma económica de declararse en bancarrota para que los acreedores cobren un mínimo porcentaje de lo que se les adeuda.

También cierran sociedades con pérdidas, evitando pagar indemnizaciones: provocan los concursos para poder finiquitar la empresa y así no tienen que pagar indemnizaciones a los trabajadores al no existir liquidez. Además, logran reducir las deudas existentes con sus bancos. Así evitan ser embargados, convocando un concurso de acreedores (muy bien pensado) después de sacar lo que tiene valor en la empresa, como los inmuebles que estén a nombre de la sociedad. Todo ello debe llevarse a cabo de forma legal y bien organizada para no ser acusados de alzamiento de bienes. Existen verdaderos expertos en la elaboración de concursos de acreedores que trabajan para los ricos y utilizan este mecanismo legal para cerrar empresas o liquidar deudas con la mayor elegancia.

Entre las ventajas de los concursos está el hecho de que los administradores sociales pueden conseguir que su responsabilidad afecte a su patrimonio personal, evitando que la pieza de calificación del concurso sea culpable. Así mismo, se paraliza el devengo de intereses de las deudas y la ejecución de los bienes como consecuencia de los impagos, en cuyo caso se frena el desahucio. Se alcanza la posibilidad de un convenio con los acreedores mediante la disminución de la deuda o quita, así como el retraso en el pago. Para los acreedores, éste es un mecanismo regulado para el cobro de sus deudas. La paralización de las demandas ya interpuestas y la imposibilidad de contemplar nuevas demandas contra la empresa concursada es un plus.

Pero también hay inconvenientes, como que cuando el concurso se haya calificado de necesario, los ejercicios del deudor para administrar y disponer sobre su patrimonio quedarán suspendidos y serán llevados a cabo por el administrador concursal. El hecho de que el mismo deudor haya evitado solicitar el concurso ante su situación de insolvencia implica que, si sus bienes no son suficientes para satisfacer las deudas, podría ser condenado a pagarlos a través de administradores, liquidadores, apoderados y quienes hubieran tenido cualquiera de estas condiciones durante los dos años anteriores a la fecha de la declaración del concurso. Tampoco ayuda que se desplace a los administradores de la empresa para que los administradores concursales ocupen su lugar, además de que los primeros pueden ver embargados sus bienes personales desde el principio del procedimiento, como una garantía para los acreedores. Una cosa es la intención con la que las leyes intentan regular el mundo empresarial y otra es cómo las utilizan los ricos.

#LosTrucosDeLosRicos

Las leyes no son rocas inamovibles, sino arcilla que los ricos no dudan en moldear para dar forma y riqueza a sus negocios con el objetivo de salvarlos y dotarlos de mayor crecimiento.

@juanharo

Truco 58

Protegen sus inmuebles de ocho formas

Una parte importante del patrimonio de los ricos consiste en la posesión de inmuebles que frecuentemente se encuentran en diferentes sociedades. Como les encanta la protección y la privacidad, evitan que cualquier tipo de acreedores se los arrebaten; si tienes un inmueble a tu nombre, tú también podrás utilizar estos trucos. En el caso de que alguna edificación esté en peligro, urja su venta o tengamos problemas, los ricos se plantean ocho maneras válidas para protegerlo:

1. **Ampliación de capital.** Cualquier inmueble a nombre de un ciudadano puede transferirse a una sociedad como ampliación de capital. No se considera transmisión, por lo que no hay que pagar el Impuesto sobre Transmisiones Patrimoniales, tributando al 1 por ciento. Esta ampliación debe llevarse a cabo al más mínimo problema para evitar ser acusados de alzamiento de bienes. Así, el inmueble figurará en el Registro de la Propiedad con la titularidad de la empresa y de esta forma, quien consulte los inmuebles de una persona no encontrará nada al haberse transferido a una sociedad. Se vuelve más complejo embargar, volviéndonos más invisibles si combinamos

este truco con la adquisición de empresas inactivas, como recomendamos en el truco 12. Eso sí, el hecho de pasar un inmueble hipotecado de una persona física a una jurídica no nos exime de pagar la hipoteca, ya que seguimos figurando como avalistas.

2. **Préstamo de capital privado.** Si los inmuebles están libres de cargas, se puede pedir un préstamo poniendo dichos edificios como aval. Esto supondrá la inscripción de una carga y nos reportará un capital que podremos guardar o utilizar. Lo más interesante es que cualquier embargo que llegue no será ejecutado hasta haber pagado dicho préstamo por lo que podemos ir costeándolo año tras año y disfrutar de los inmuebles o cobrar las rentas si lo tenemos alquilado. Por sentido común, la primera carga es la que tiene prioridad. Aunque no necesitaras dicho préstamo, es una forma de evitar embargos y a la par tener un capital con un bajo interés.
3. **Permutarlo por acciones de Bolsa.** Muchas empresas que cotizan en el Mercado Continuo de la Bolsa de valores hacen ampliaciones de capital, es decir, admiten suelos, terrenos o cualquier inmueble, y suelen dar el valor del mismo en acciones de su compañía. De esta forma, si te urge vender un terreno (incluso un espacio difícil o de poco valor) y prevés que te lo pueden quitar o necesitas dinero urgentemente, sería un método valido y poco utilizado. Estas acciones se entregan en notaria cuando haces la transmisión y las puedes hacer líquidas en cualquier momento, porque cotizan en el mercado. ¡Es más rápido y seguro!
4. **Proindiviso.** Puedes poner un porcentaje del inmueble a nombre de un ser querido para seguir en él. Imagina que lo vendes o le donas un 30 por ciento a tu sobrino y que éste te lo alquila a ti o a un tercero: el banco sería dueño del 70 por ciento y tu amigo del 30 por ciento restante, pero el primero no podría tomar posesión o vender todo el inmueble. Así te aseguras poder utilizar la vivienda hasta que tu familiar o amigo decida vender su porcenta-

je. Se trata de otra forma de no perder el control del activo ante un acreedor.

5. **Préstamo ficticio privado.** Puedes acordar que te presten un dinero fijando un interés a veinte años con una cantidad anual a devolver. Este préstamo, que en realidad no necesitas, se solicita para que tu ser querido anote dicha deuda en el Registro de la Propiedad para que figure como carga y así tengas el control del inmueble sin posibilidad de ser embargado hasta que termines de pagar ese préstamo ficticio. Como ese contacto de confianza no interpondrá una denuncia, el resto de acreedores se pondrán a la cola mientras tú sigues controlando el inmueble. Lógicamente, el dinero debe moverse. Esta vía es similar a la del préstamo privado, pero más casera.
6. **Usufructo vitalicio.** Un inmueble está compuesto por la nuda propiedad y el usufructo o disfrute. Como propietario, en cualquier momento puedes ceder el uso a quien consideres, algo que realizas ante notario y luego inscribes en el Registro de la Propiedad. Si el banco te quita la vivienda, aquella persona a la que hayas nombrado titular del usufructo podrá seguir viviendo en ella o alquilarla hasta que fallezca. El banco o acreedor te quitará la nuda propiedad, pero no el uso y disfrute del bien. Para este truco se suelen nombrar a menores de edad o gente muy joven porque, estadísticamente, vivirán más años. Ésta es una treta que se utiliza para poder seguir disfrutando del inmueble durante un largo período de tiempo.
7. **Contrato de alquiler fantasma.** Imagina unas grandes oficinas en las que surge un problema de impago con un banco o acreedor. Los ricos suelen hacer un contrato de alquiler de sus inmuebles a una empresa (que suelen ser ellos mismos) que arrienda durante quince años con pago anticipado. Es decir, tú recibes quince años de alquiler mediante pagarés frente a una empresa (a modo de inquilino) que tiene derecho a utilizar esos inmuebles durante ese mismo período. Cuando llega la ejecución de la sentencia por impago, el juez no puede dar la posesión

al banco porque el inmueble está alquilado. De esta forma, presentando recursos y con este contrato de alquiler, se aseguran seguir muchos años. Para hacerlo más profesional, podrías combinar este truco con el truco 27. Si crees tener problemas con tu patrimonio, piensa en ceder la gestión de ese inmueble a una empresa (que podría ser tuya también) que alquile los inmuebles a un inquilino que costee quince años por adelantado. Esto último sería más complejo, pero también más seguro. Recuerda que los contratos de alquiler se inscriben en el Registro de la Propiedad.

8. **Donación a un tercero.** Siempre que se avecine una tormenta es el momento de donar tus inmuebles. La ley permite ceder el patrimonio incluso a los no nacidos y se puede hacer una donación de este tipo mediante una escritura pública. Eso sí, es necesario expresar los bienes donados de manera individual y el valor de las cargas que deba satisfacer el donatario. El donante puede reservarse la opción de disponer de alguno de los bienes donados o de una cantidad con cargo a ellos, pero si fallece sin haber dispuesto de estos bienes o parte de ellos, éstos volverán al donatario. También se podrá donar la propiedad a una persona y su usufructo. En este caso, la nuda propiedad corresponde al donatario, y el uso y disfrute al usufructuario.

Algunas de estas vías para evitar que te arrebaten tus inmuebles son supervisadas por expertos que trabajan para los ricos. Te animo a tirar del hilo. U utilizarlas invita a llegar a un acuerdo con el acreedor, y en caso contrario existirá un largo camino para quien desee quitarte tus inmuebles.

Siempre existirá el temor de ser acusados de alzamiento de bienes, para minimizar este riesgo existen profesionales que saben cuándo debes hacerlo y cuándo no. De todas formas, te invito a probar estas vías cuando veas que se aproximan nubes negras. ¡Lo peor que puedes hacer es esconder la cabeza como un avestruz! Recuerda que siempre es mejor hacer algo que no hacer nada.

Puedes consultar el vídeo titulado «Qué tengo que tener en cuenta al crearme un patrimonio inmobiliario» en la web del libro.

#LosTrucosDeLosRicos

Es interesante descubrir cómo los ricos protegen sus inmuebles de posibles embargos, utilizando la creatividad y las leyes para continuar tomando posesión de los mismos. Todo es un juego que gana quien mejor mueve sus fichas.

@juanharo

Truco 59

Mueven diez mil euros en efectivo

Ya sabemos que a los ricos les gusta el efectivo. No existe una limitación sobre su uso dentro de España, pero sí la obligación de declarar todo movimiento de una cuantía igual o superior a cien mil euros o su equivalente en otra divisa. Más allá de nuestras fronteras, si la cantidad es mayor de diez mil euros, deberás realizar una declaración. Además del dinero en metálico, se tendrán en cuenta formas de pago como cheques al portador, tarjetas monedero y otros métodos electrónicos

Aunque seguro que sabes que los ricos viajan constantemente, lo que no todo el mundo tiene en mente es que en cada escapada llevan dinero en efectivo, y no precisamente para gastar en sus días de descanso. Si hacen cuatro viajes de fin de semana, lo más probable es que estén extrayendo cuarenta mil euros. Los ricos tienen empresas y cuentas bancarias fuera de España y saben que su dinero no debe guardarse en un solo lugar. Entre los motivos fundamentales para mover miles de euros en cada viaje está **la privacidad** que supone no dejar rastro (dicen que van a conocer Chipre, pero ingresan el dinero en una de sus cuentas). **La diversificación** (repartirlo en diferentes cuentas o lugares para evitar sufrir situaciones como las vividas en Venezuela, Argentina o Grecia) y **la seguridad** de guardarlo en lugares más lejanos también son decisivas.

Imagina que necesitas una cantidad de dinero, pero tus cuentas y tu casa han sido embargadas. En el caso de haber seguido este truco, podrás viajar y traer en cada vuelo diez mil euros en efectivo, retomando el control de tu vida. **La minimización de multas o la petición de rescate** es un motivo clave, ya que para estos casos se tiene en cuenta sólo aquello que tengas en España.

La necesidad es un factor más, ya que una parte de la población no puede tener cuentas bancarias debido a que en el pasado hizo frente a una o varias deudas que, con el tiempo, fueron aumentando debido a los intereses. Por eso, muchas personas viven con dinero en efectivo que van trayendo en cada viaje, cobrando de la misma manera y administrándolo en cuentas de otros países donde saben que no pueden embargarles.

Veíamos en el truco 57, «Utilizan a su conveniencia los concursos de acreedores», que cuando una empresa tiene dificultades puede realizar un concurso que le permita continuar o librarse de las deudas. Ésta es una opción viable, pero los emprendedores también cuentan con **la Ley de Segunda Oportunidad, cuyo objetivo es ofrecer vías para que quien se vea ahogado por sus cuentas o entre en una situación de bancarrota pueda salir de la misma y rehacer su futuro.** Lo máximo que podrías limpiar con esta ley son cinco millones de euros.

Un requisito para acogerse a esta ley es tratar de negociar con los acreedores: aunque alguien en quiebra podría acudir directamente a la fase judicial, de no haber pasado por una fase de negociación, la situación del deudor quedaría en la cuerda floja por no haber cumplido esa buena intención. En la primera fase negociadora hay que acudir a un notario para que asigne a un mediador, estos costes corren a cuenta del deudor. Además, hay que contar con un abogado especialista en la materia. Para que el acuerdo extrajudicial sea válido, se debe contar con el apoyo del 60 por ciento de los acreedores, y en las reuniones se debe presentar un plan de viabilidad y un calendario de pagos que no puede exceder los diez años. Si hay acuerdo, se exonerarán el resto de las deudas.

El autónomo o la persona física puede llegar a un acuerdo de quita de sus deudas con todos menos con Hacienda. La Administración no perdona ni un céntimo al deudor, un grandísimo hándicap para que una persona pueda salir de la quiebra; aunque la voluntad del deudor y los acreedores sea excepcional y se pacte un calendario de pagos que a todos convenga, la deuda con Hacienda permanece para siempre y debe pagarse de forma íntegra. La negociación, que suele durar meses, es inútil y se abre la fase judicial. En definitiva, esta ley no es para todos. Por ese motivo mucha gente se encuentra indefensa y viaja al extranjero para guardar o traer dinero de vuelta.

#LosTrucosDeLosRicos

Muchos dicen que el dinero efectivo acabará desapareciendo, pero los ricos aman los billetes y no dudan en moverlos por diferentes países para lograr seguridad, privacidad y libertad.

@juanharo

Truco 60

Utilizan PayPal y Payeer

(venden e invierten online)

Aunque la tecnología tiene cada vez más peso, muchas personas no aprovechan todas las posibilidades que ofrece el mundo actual. Los ricos, siempre por delante, la combinan con los negocios al reunir cinco características con las que se identifican: el crecimiento exponencial, la privacidad, la posibilidad de disponer de dinero fuera de las fronteras (gracias a tiendas online o páginas de venta), la rapidez en las operaciones o sistemas y, por último, los pocos recursos humanos necesarios.

En el mundo de las inversiones se dan muchas oportunidades gracias a empresas que ofrecen grandes rentabilidades; para hacer uso de ellas necesitamos mover rápidamente nuestro dinero, tanto al ingresar como al invertir. **Los bancos se quedan atrás con sus comisiones y lentitud frente a unas plataformas de pago que permiten mover y transformar tu dinero a otras divisas de forma rápida y económica.**

Existen muchas alternativas a la clásica transferencia bancaria. El comercio electrónico no deja de crecer en todo el mundo: en el año 2017, en España alcanzó los 5.958 millones de euros, con un 70 por ciento de usuarios realizando compras de forma habitual. Los dispositivos móviles se utilizan cada vez más para ello, y allá donde hay una oportunidad aparecen los ricos, que utilizan procesadores de pago como PayPal y Payeer para cobrar servicios, productos y hacer inversiones en múltiples plataformas de forma más discreta que en un banco.

PayPal es el servicio intermediario más popular del mundo para realizar compras online. Se calcula que más de 140 millones de usuarios lo utilizan para enviar dinero y realizar pagos. Convertido en una vía fiable de transferencia, casi el 90 por ciento de las adquisiciones que se producen en el portal de subastas eBay se realizan a través de este sistema. El envío de dinero es gratuito y el destinatario puede ser cualquier persona o empresa que disponga de una dirección de correo electrónico, permitiendo a cualquier negocio que pueda pagar con tarjeta de crédito o débito, PayPal o cuenta bancaria. Su centro de operaciones se encuentra en Luxemburgo.

Por su parte, **Payeer** es un sistema de pago alternativo que se utiliza para retirar dinero de sitios e invertir en páginas o determinadas plataformas. Fundado en Rusia en el año 2010, se considera uno de los procesadores más usados debido a su rapidez a la hora de mover dinero por todo el mundo, los costes bajos en transacciones y su gran variedad de opciones tanto para ingresar dinero como para retirar fondos. Disponible en más de doscientos países, puedes cargar saldo con Visa o MasterCard, enviar y recibir dinero desde tu cuenta bancaria y realizar cambio de divisas desde dentro de la plataforma.

A los ricos les gusta mover electrónicamente su capital y que no entre solamente por el banco, sino también a través de plataformas que permiten que esté fuera de España. Aunque siempre debe ser declarado, es más seguro y puede moverse con pocos clics. Desde una habitación, el rico puede crear una tienda online o una página de ventas y cobrar con tarjeta de crédito o débito; en vez de ir al banco, aquello que se obtenga va a lugares difíciles de detectar. Además, se pueden mover libremente esas cantidades a otros bancos o plataformas.

Entre las ventajas de PayPal está que se trata de una de las plataformas de pago más conocidas del mundo, pudiendo operar con tarjetas de cualquier banco o cuenta personal. Cada vez más tiendas online la aceptan e incluso se vincula a la tarjeta bancaria. La posibilidad de mandar dinero entre particulares de forma gratuita en pocos segundos, la retención de lo abonado en caso de insatisfacción del cliente y el envío a bancos, plataformas financieras o uso en miles de comercios son beneficios importantes del uso de este servicio. La comisión se cobra al que vende, siendo un sistema comodísimo y un método seguro que sólo requiere de una cuenta de correo. Más de 150 millones de usuarios lo utilizan en 190 países del mundo, sin necesidad de datos bancarios o tarjetas.

Por su parte, Payeer presume de comisiones bajas, de recepción de pagos en multitud de divisas y de usarse mucho para invertir en páginas donde cambiar rápidamente a criptomonedas. Además, puedes sacar tu dinero con una tarjeta MasterCard Payeer recargable que puedes utilizar en cajeros. Disponible en más de doscientos países, esta plataforma tiene un sistema de referidos que te permite ganar dinero por recomendación. Las transacciones irreversibles, así como su facilidad de uso y seguridad, también son cuestiones decisivas de cara al usuario.

Hoy día podemos tener tiendas online incluso sin que los productos sean nuestros, recomendando y ofreciendo servicios de terceros en plataformas que los ricos utilizan para cobrar y mover sus bienes. Con clientes en todo el mundo y en funcionamiento continuo, no precisas estructura para empezar a ingresar si dispones de un producto o servicio y una pasarela de pagos.

Imagina que encuentras en la red unas tarjetas de memoria con bonitos diseños y que te reúnes con el proveedor para proponerle crear una página de ventas para comercializarlas, llevándote un 30 por ciento de cada venta. Incluso podrías comercializar productos o servicios tan dispares como cursos digitales, asesoramiento, libros electrónicos, flores, ordenadores, zapatos, lámparas o cualquier cosa que imagines. En cuanto a la puesta en marcha de la tienda, las encontrarás ya preconfiguradas a partir de siete euros al mes.

Disponer de una tienda online te aporta mucha flexibilidad, pudiendo incluso crear una empresa en Inglaterra, donde puedes montar tu negocio sin tener que pagar la cuota de autónomo si vendes a clientes de todo el mundo. Eso sí, controla dónde contratas los servidores y compras el dominio, porque si lo haces en España y tienes la empresa fuera podrían exigirte que pagues impuestos aquí. Como ves, hay muchas posibilidades. Te animo a combinar varios trucos, por ejemplo, cediendo la explotación de la venta de tus productos a una empresa de Holanda que gestione artículos en línea.

Hay muchas posibilidades para sacar el dinero de plataformas como PayPal y Payeer, desde realizar transferencias bancarias a usar cuentas de diferentes países con tarjeta de crédito o débito. Antes de seguir avanzando, te invito a que veas el archivo titulado «La nueva ola de los negocios» en la sección de vídeos de la web del libro.

#LosTrucosDeLosRicos

Ya lo decía uno de los ricos más conocidos, Bill Gates: «Si tu negocio no está en internet, tu negocio no existe». Los ricos se aprovechan de la tecnología y de las diferentes plataformas y pasarelas de pago para mover e invertir su dinero en un mundo cada vez más virtual.

@juanharo

Truco 61

Facturan otros

En el truco 11 hablábamos de la deuda que pagaban otros, algo extensible al mundo de la facturación. No sólo es positivo pensar en apalancarse en terceros cuando un rico inicia una actividad, sino que podemos convertirlo en una forma de vida. Por otro lado, en el truco 24 explicábamos por qué los productos o servicios que crecen los ceden a una nueva sociedad. Ahora a lo que nos referimos es a una filosofía de vida. Los ricos tienen su actividad principal, pero firman contratos con empresas para cederles productos o servicios: facturan otros, pero ellos cobran una parte del pastel.

Sería como si, durante un tiempo determinado, cedieses la distribución a una empresa que facture y te abone una parte de los beneficios. Incluso cuando se trata de compañías extranjeras es sencillo de comprender: si quiero introducir una marca de vino en Estados Unidos, pero no crear una empresa en la zona, dejo que facture alguien que ya tenga presencia allí. Para poner este truco en práctica, puedes pedir a una empresa que facture por ti con un contrato de por medio.

El hecho de que factures a otros un producto o servicio supone menos gastos fijos de personal, marketing y estructura, más rapidez para introducir tu producto, menos responsabilidad, una forma de testear el producto o servicio, la diversificación de la facturación, una mejor fiscalidad y un mayor anonimato. **Puedes seguir poniendo el foco en otros negocios y ampliar a mercados internacionales.** No necesitas ser residente fiscal español o tener una empresa afincada en el país, puedes apalancarte en la experiencia de terceros.

Cada vez más, los ricos que tienen empresas en lugares lejanos desean operar en Europa y para ello se aprovechan de este interesante truco: utilizan empresas intermediarias (como si fuesen empresas puente) que operan en Centroeuropa para facturar en cualquier país europeo quedándose con un pequeño porcentaje de la facturación. De este modo, permite a las empresas de los ricos desviar grandes cantidades de dinero legalmente sin tener que cumplir las costosas y complicadas normativas legales europeas.

En la mente del rico siempre están presentes los atributos de libertad y calidad de vida: conseguir lo máximo con el menor esfuerzo. El que facturen otros por ti cumple con esta máxima.

#LosTrucosDeLosRicos

Cuando los ricos piensan en grande saben que es mejor ganar poco de muchos que mucho de pocos, por ejemplo, haciendo que otros vendan y facturen por ellos. El último euro se lo tiene que ganar otro, ésa es la mejor forma de crecer.

@juanharo

Truco 62

Sus herederos no pagan impuestos

Si tenemos un testamento, nuestros herederos podrán recibir el patrimonio cuando fallezcamos, algo para lo que **se debe pagar el famoso Impuesto de Sucesiones, que grava las herencias y clasifica la tributación según el grado de parentesco que exista con el difunto.** La norma estatal que lo regula establece, en el caso de los parientes más directos, unos tipos de gravamen que oscilan entre el 7,6 por ciento para herencias menores de ocho mil euros hasta un máximo del 34 por ciento. Pagar en vida impuestos y volver a hacerlo cuando mueres es algo que no aceptan los ricos.

Cuando muchas personas superan los cincuenta años empiezan a pensar en la muerte y en hacer testamento. Es duro de aceptar, pero todos vamos a desaparecer y es importante saber adónde irá a parar nuestro patrimonio, dejándoselo a quien uno quiera, aunque el Estado siempre se lleve su parte. Los ricos lo dejan todo atado bien pronto, porque saben que en cualquier momento pueden morir y prefieren evitarles problemas a sus allegados.

Cuando nuestros padres fallecen y nos dejan una herencia debemos aceptarla o rechazarla. Mediante la aceptación pura y simple, el heredero sucede en todo al causante, por lo que adquiere todos los bienes y derechos de la herencia, así como aquellas obligaciones que tuviere y que no se extinguen por su muerte. Esto significa, a fin de cuentas, que los patrimonios del difunto y del heredero se confunden, de forma que aceptar una sólo es aconsejable cuando exista la seguridad de que las deudas no superen el importe de los bienes y derechos heredados.

Más de cien españoles rechazan cada día una herencia, renunciando a los inmuebles y el patrimonio de sus seres queridos porque no pueden pagar el Impuesto de Sucesiones y la plusvalía. Todo el trabajo de una vida en manos de Hacienda. España es el país europeo en el que más se paga por heredar: sólo en 2017, las autonomías recaudaron 2.500 millones con el Impuesto de Sucesiones, que no tiene en cuenta la capacidad económica del heredero ni contempla la dación en pago ni el fraccionamiento. Así, las propiedades familiares acaban siendo adjudicadas a terceros tras ser subastadas por la Administración por mucho menos de lo que valen realmente, dejando una deuda a los herederos con su correspondiente Hacienda territorial autonómica.

Es importante conocer cómo los ricos utilizan otros mecanismos para evitar volver a tributar o perder su patrimonio cuando fallezcan, en el caso de que sus hijos no puedan hacer frente a los impuestos. Vender lo heredado y después pagar los impuestos no es posible, ya que te obligan a pedir un préstamo para financiar antes de entregarte la propiedad. Aquello por lo que tu familia ha trabajado sin descanso es arrebatado por el Estado, que te vuelve a pedir dinero una vez más

Como todo lo tienen a nombre de sociedades, el patrimonio de los ricos pasa limpio a sus hijos, a los que se coloca como accionistas en sus empresas. En los estatutos de la sociedad se explica qué sucede con las acciones de los padres cuando éstos fallecen para ser adquiridas de forma preferente por los hijos. Así, todo el patrimonio sigue en posesión de los hijos sin necesidad de impuestos ni tributación.

Imagina que tienes tres hijos y el mismo número de viviendas. Podrías poner cada bloque a nombre de una sociedad donde estuviesen con un 33,33 por ciento de las participaciones cada uno, teniendo el usufructo de los inmuebles para evitar que vendan dichos activos. Otra opción es que cada uno tenga una sociedad, incluyendo en ella el dinero que quiere dejar más un inmueble. Este tipo de sociedades pueden ser patrimoniales para evitar el personal, las nóminas y la actividad. Como ves, hay múltiples soluciones para evitar a tus hijos problemas o deudas pendientes.

Los ricos no hacen ruido y lo dejan todo arreglado mucho antes de morir, ahorrando decenas de miles de euros en impuestos y evitando muchos quebraderos de cabeza. ¿Y si te planteas imitarlos?

#LosTrucosDeLosRicos

Los ricos mueren como todos, pero su gran planificación y cómo atan su patrimonio para evitar que sea arrebatado o tener que volver a pagar impuestos es ejemplar. Huyen de forma elegante ante una doble tributación o cualquier injusticia latente.

@juanharo

Truco 63

Contratan negociadores bancarios

Nos pasamos la vida negociando con nuestra pareja, familiares y compañeros de trabajo, incluso cuando vamos a comprar lo hacemos. Todos queremos lo mejor, y para conseguirlo hay que llegar a un acuerdo. Esta habilidad, que debería ser obligatoria en cualquier programa educativo, nos prepara para enfrentarnos a nuestro banco y proteger lo que nos pertenece. Aun si no tienes problemas financieros, deberás saber negociar para ahorrarte comisiones absurdas, cláusulas incoherentes, o simplemente lograr las mejores condiciones económicas.

Los ricos negocian con la banca, aunque se suelen quitar de la ecuación para evitar ser parte del problema. **Son conscientes de que un negociador profesional está habituado a resolver conflictos, además de conocer las tendencias bancarias y saber cómo conseguir lo que desean sus clientes.** Si eres tú el que lo hace, seguramente hablarás más de la cuenta y saldrás perdiendo como parte interesada. Los ricos otorgan un poder notarial al negociador para que pueda negociar en su nombre cualquier aspecto que surja.

Te conviene hacer uso de un negociador ante comisiones injustas, cuotas de préstamos que quieras reducir, imposibilidad de pago, cláusulas o gastos improcedentes, deseo de nuevos préstamos, avales bancarios, deudas de una sociedad adquirida y un posible embargo o subasta. Contar con alguien así también te ayudará a lograr la máxima cantidad de dinero posible para un proyecto o la hipoteca de un inmueble, a gestionar una póliza de crédito y a ponerte en pie ante un posible desahucio.

Durante muchos años vamos a tener que tratar con entidades bancarias por lo que la mejor opción es hacerlo con cabeza y ahorrarnos miles de euros que hay en juego, algo que se logra al delegar en un profesional que ha trabajado en un banco y ahora conoce los mejores atajos para que logres tus objetivos.

Entre las ventajas de usar un negociador bancario está el hecho de que analizan la situación desde otra perspectiva, el diseño de una estrategia para lograr sus fines y que pueden detener los pagos mientras negocian un simple préstamo personal o domiciliario. **Contar con él es hacer uso de un profesional de la banca con años de experiencia, además de que mejoran tu imagen frente a terceros.** Evitar la pérdida de control si te dejas llevar por las emociones y que te cobren cantidades desorbitadas por gestiones habituales, tener más tiempo para ti y optar a un abanico mayor de soluciones son beneficios decisorios para contratar sus servicios.

Los negociadores bancarios no son tiburones, sino personas respetuosas que pretenden evitar cualquier tipo de abuso. Si un empresario no puede seguir pagando la mensualidad de un préstamo, pero puede hacer frente a la mitad de su cuota durante tres años, el negociador trata de hacer ver al banco las ventajas de este acuerdo, así como los inconvenientes o problemas que pueden surgir si se niega. Sabe perfectamente qué teclas tocar para que el banco sea más proclive a un acuerdo, además de contar con herramientas y contactos para buscar acuerdos y soluciones que contenten a todas las partes.

El expresidente de Estados Unidos John F. Kennedy dijo lo siguiente: «Nunca debemos negociar por miedo. Pero nunca debemos temer a negociar». Si quieres profundizar más en este truco, te invito a que escuches el *podcast* titulado «Saber negociar» que encontrarás en la sección de audios de la web del libro.

#LosTrucosDeLosRicos

La negociación está presente en todo momento, si sabes pactar o delegas en quien sepa hacerlo, darás un paso de gigante para alcanzar tus metas. Los ricos lo saben y tienen negociadores profesionales hasta para operar con bancos.

@juanharo

Truco 64

Adquieren proindivisos

La expresión jurídica proindiviso se refiere al derecho de propiedad sobre un bien y quiere decir que una persona comparte la titularidad con un tercero, un término equivalente a copropiedad o a comunidad de bienes.

Así, el proindiviso se da cuando la propiedad pertenece conjuntamente a dos o más personas. Si el bien es divisible, se puede poner fin al proindiviso dividiéndolo en partes proporcionales a las cuotas de cada titular. Pensemos, por ejemplo, en un proindiviso sobre una finca rústica de quinientas hectáreas, que pertenece a cinco herederos. Se puede dividir en cinco fincas de cien hectáreas cada una; esto se puede lograr mediante un negocio jurídico formalizado en escritura pública entre todos los cotitulares (por las buenas) o mediante un procedimiento judicial (por las malas).

Cuando uno tiene un inmueble con otras personas puede extinguir dicho proindiviso mediante un acuerdo privado entre todos los copropietarios que puede consistir en que uno de ellos se quede la totalidad del inmueble a cambio de compensar a los demás, en vender a un tercero, subastar... Será necesario otorgar una escritura pública para que la transmisión de la plena propiedad a favor de quien resulte único propietario sea inscrita en el

Registro de la Propiedad. **Si uno de los copropietarios no quiere ceder, habría que poner fin a esta situación por las malas, mediante un procedimiento judicial** que suele acabar en subasta. Todas las partes pierden dinero y el bien se vende —en muchas ocasiones— por el 50 por ciento de su valor. Se compra todo a un precio menor.

Cuando un bien tiene dos o más propietarios tienes un proindiviso, y si una de las partes se niega a vender o a pagar los gastos la cuerda empieza a tensarse hasta que uno decide vender su parte. ¿Pero quién querría un proindiviso? Pues muchos ricos, porque saben que el precio será mucho más bajo.

Si tienes un apartamento compartido con un amigo, significa que cada uno tiene el 50 por ciento. Si su valor es de cien mil euros y tu relación se complica con esa persona, puede que decidas vender tu parte, aunque darás con pocas personas que te lo compren por la mitad, porque si la otra parte se negara a vender, a pagar los gastos o a alquilar, la única salida sería iniciar un procedimiento judicial de liquidación de proindiviso que terminaría con una subasta a menos de la mitad del valor del inmueble. Es decir, lo que compraste por cincuenta mil euros ahora valdría veinticinco mil. Por este motivo, la venta de proindivisos supone poco beneficio para el que lo compra, salvo que lo quiera para conservarlo durante muchos años. Eso sí, el vendedor o dueño del proindiviso gana en tranquilidad al poder salir de una operación dañina.

Para saber qué valor tiene un inmueble, se suele acudir a una tasadora homologada por el Banco de España. La tasación será muy cercana al precio de venta de mercado, una referencia que puede ayudar pero que servirá de poco sin acuerdo entre las partes. Arrancará un proceso jurídico muy lento, y cuidado con ponerse en manos de los abogados demasiado pronto, ya que a veces perjudican la negociación...

Imaginemos que Ángel y María forman un matrimonio que tiene un inmueble en la playa. Cuando acaba su relación, uno de ellos debe marcharse a vivir fuera o trabajar en el extranjero. Mientras que ella quiere vender, él está resentido y ni se lo plantea. Lo intentan una y otra vez, hasta que María decide dejar de pagar los gastos de la vivienda; la situación se vuelve cada vez más insostenible. ¿Cómo proceder? En el primer escenario posible, pondríamos un anuncio para que María venda su parte de la vivienda a un precio mucho menor pero poca gente lo querría. Otra manera sería iniciar un proceso judicial para liquidar el proindiviso, lo que conlleva un exceso de gasto y tiempo. Al final, María recuperará dinero cuando se realice la subasta, aunque será mucho menos de lo que pensaba.

La tercera opción sería asociarse a un rico y fingir una venta. María acuerda con el rico vender su parte. Éste quiere ganar y desea que María haga lo mismo. Para ello, hacen un contrato de venta donde se indica que el rico está interesado en comprar su parte de la vivienda de la playa por 55.000 euros. Como Ángel tiene el derecho de tanteo y retracto, recibirá un burofax comunicándole que existe un posible comprador. En este caso, Ángel tendrá hasta diez días para manifestarse o, en caso contrario, se seguirá adelante con la venta.

Si el rico compra ese 50 por ciento, podría irse a vivir a la playa o alquilar el inmueble, algo que no le gusta a Ángel, que termina claudicando y acepta comprar a María su parte, aportando 55.000 euros de los cuales María tendrá que dar una parte al rico. Recordemos que todo esto es una obra de teatro para evitar que María malvenda su proindiviso. Así, Ángel se queda con la vivienda de la playa, María obtiene mucho más dinero por su proindiviso y no tiene que malvenderlo, y el rico obtiene una parte por fingir la compra.

¿Pero qué pasaría si Ángel hubiese dicho que no quería comprar la parte de María? El rico negociaría con él para comprar el ciento por ciento de la propiedad y le diría que quiere alquilar la vivienda. Le haría una oferta: si se negase, aseguraría que tiene derecho a alquilar el 50 por ciento de la vivienda, y que va a hacer lo propio con dos habitaciones, algo a lo que no puede negarse. Finalmente, Ángel vendería al rico, y éste le cedería el inmueble a María, que pediría una hipoteca y le pagaría al rico la vivienda con su beneficio.

En el caso de que Ángel no quiera vender su parte al rico, la venta del proindiviso seguiría adelante, aunque firmando un contrato entre María y el rico para repartirse los beneficios al final de la operación. Ella le vendería su parte al rico e iniciaría la liquidación del proindiviso. El rico se encargaría de contratar al abogado y al procurador. Lo cierto es que se ha invertido poco dinero, pues todo es una obra de teatro donde se intenta que Ángel ceda para evitar que el piso salga a subasta. Si no acaba cediendo y el piso sale a subasta, el rico podrá pujar con sus empresas por el inmueble, adjudicándoselo mucho más barato. Luego lo vendería y repartiría con los beneficios con María, que ha llevado a cabo un apalancamiento puro,

Los ricos invierten en proindivisos porque pagan muy poco por ellos, siendo una forma ideal para mantener quieto el dinero durante años y que se revalorice. Incluso se utiliza mucho la venta de proindivisos cuando se va a realizar un embargo de un inmueble y alguien deja de pagar una deuda. El rico compra un porcentaje de ese bien por una cantidad acordada, logrando que cuando el acreedor embargue ese 50, 60 u 80 por ciento restante tenga que negociar con el rico que adquirió hace unos meses el 50, 40 o 20 por ciento. Existen muchas posibilidades de que se lo compre por mucho más dinero quien acaba de adjudicarse el bien, pero no podrá venderlo sin disponer de su totalidad. Como ya vimos, cuando hay tormenta aparece el rico y se resguarda de la lluvia bajo un paraguas. Estamos ante otra artimaña legal pero interesante para seguir teniendo el control del activo. Este tipo de operaciones se realiza también para comprar proindivisos de sociedades.

#LosTrucosDeLosRicos

El dinero está en todas partes, incluso al comprar un detalle para una casa, una empresa o un inmueble. Podría parecer un negocio insignificante para el ojo ignorante, pero no para el rico.

@juanharo

Truco 65

Maquillan tasaciones

En el mundo de los ricos importan mucho las tasaciones de inmuebles o empresas. **La palabra *tasación* define la acción de asignarle valor a un objeto en un documento elaborado por un profesional de acuerdo a unos principios previamente estipulados** y desarrollando una metodología apropiada al objetivo propuesto. En el ámbito inmobiliario, el mismo término se define como el informe destinado a precisar el valor de un inmueble (dentro del mercado) en relación con la oferta y la demanda actual.

Cuando un individuo desea solicitar un préstamo y pone como garantía un inmueble, el banco desea saber el valor de dicho bien, por lo que solicita un informe con una valoración. Hablamos de una tasación hipotecaria, para lo que se requiere un informe elaborado por un arquitecto que trabaje para una empresa especializada en estas cuestiones que debe estar homologada por el Banco de España. Entre los factores que influyen en el valor de un inmueble están la ubicación, los servicios públicos cercanos, la calidad de los materiales y la antigüedad.

Para comprar o vender un inmueble, siempre es conveniente disponer de un certificado realizado en los últimos seis meses. Estos valores no son rígidos: si una tasación da como resultado una estimación de 235.000 euros, sólo estaremos ante una referencia que aportar en un documento. En el caso de los bancos, ese valor será el que sirva para concretar un porcentaje de hipoteca.

Una tasación no será buena o mala dependiendo de su valor, sino de los fines que se persigan. Si vas a comprar un chalé y presentas una tasación con un valor más bajo del que pide la propiedad, este documento te servirá para negociar con el vendedor a la baja, tendrás un argumento que demuestre que la vivienda tiene menos valor. Si por el contrario te la tasan en un valor alto, este certificado te ayudará a pedir una hipoteca mayor. Esto también es válido a la hora de comprar empresas. Hablamos de decenas de miles de euros en juego al comprar o vender un bien.

Los ricos disponen de tasadores profesionales, con los que trabajan asiduamente, que les comunican qué valores ofrecer y configuran las operaciones. Lo mismo ocurre con los intermediarios financieros, que les consiguen los mejores créditos o préstamos hipotecando al máximo los bienes. Todo se basa en la confianza y en las relaciones positivas que han sembrado. No hacen como el resto de mortales, que busca un tasador en Google o acude a un banco a pedir un préstamo; ellos utilizan especialistas conocidos, así como intermediarios financieros que trabajan con decenas de bancos para ofrecer las mejores condiciones posibles.

Las relaciones que tienen los ricos son una gran ventaja, requiriendo menos esfuerzo y mayor recompensa. Si tengo una tasación más alta por mis oficinas, podré intentar venderlas más caras al estar en posesión de un documento de un arquitecto o una empresa tasadora que lo confirma. Todo es un juego de números, con precios que varían con el tiempo y en función de objetivos, siempre teniendo en cuenta la importancia de la transparencia y la legalidad.

Si deseas ver un modelo de tasación de un inmueble, visita la sección de ejercicios de la web del libro.

#LosTrucosDeLosRicos

Cuando se trata de comprar o vender, los ricos saben cómo manejar las herramientas en su propio beneficio. Todo forma parte de un plan en el que el azar tiene poco que ver a la hora de ganar o perder decenas de miles de euros.

@juanharo

Truco 66

Adquieren pisos de renta antigua

Aún existen muchos inmuebles con alquileres de renta antigua; los hogares que todavía disfrutan de ello tienen unas condiciones congeladas desde hace más de veinte años, sólo actualizadas por la subida del IPC y con un régimen de prórroga forzosa indefinida con posibilidad de subrogación. Muchos de estos alquileres suponen quince o veinte euros al mes, algo que para los propietarios suele ser una carga porque con ello ni siquiera pagan la comunidad o el recibo de contribución. Cuando los ricos compran edificios a los bancos, adquieren muchos pisos de este tipo.

En la actualidad, **existen unos doscientos mil alquileres de renta antigua en España, sobre todo en los cascos urbanos de grandes ciudades como Sevilla, Barcelona o Madrid.** No sólo hablamos de viviendas, sino también de locales. Hasta que no fallece el propietario, no se puede vender ni volver a alquilar a precios de mercado.

Sin embargo, a los ricos les parece un mercado apetecible porque adquieren estos inmuebles en lotes de bancos a precios muy bajos, como si se tratara de un plan de ahorro a medio y largo plazo con la gran revalorización que supone. Ganan dinero en poco tiempo, compran con inquilinos de renta antigua y venden a inversores doblando la inversión. Además, suelen ser inmuebles que la gente no quiere, cuyo retorno de alquiler es ridículo. Lo cierto es que no saben si podrán disponer de la vivienda en uno o veinte años, hasta que el inquilino fallezca pero podrían solicitar la resolución del contrato de alquiler si el arrendatario incurriera en el impago de la renta, en daños intencionados, en la ejecución de obras sin permiso del propietario o en subarrendar sin autorización.

Por poner un ejemplo, hay lotes de pisos adquiridos en Madrid entre los que abundan los de renta antigua que se venden por 85.000 euros, con un precio de mercado por encima de los 180.000. Hablamos de una buena inversión, sobre todo en ciclos económicos alcistas, todo consiste en comprar barato y vender caro. Lo que es malo para unos es una oportunidad de oro para otros, aunque mucha gente es incapaz de mantener un inmueble que le quita dinero.

#LosTrucosDeLosRicos

Los ricos aman el corto y el largo plazo: compran y venden para ganar dinero en meses y saben esperar a que llegue el momento de recoger la cosecha, aunque esto les lleve años.

@juanharo

Truco 67

Compran inmuebles problemáticos

¿Qué ocurre cuando la economía va mal? Que los precios caen. Y una máxima de los ricos que ya conoces a estas alturas es comprar barato. **En momentos de crisis, los ricos se vuelven más ricos.** Lo que la gente no quiere, los ricos lo aceptan; saben que cuando un inmueble o negocio tiene problemas su precio es asequible.

Los ricos compran edificios, lotes de inmuebles y hasta bloques con okupas. Se trata de bienes que requieren un tratamiento previo para poder ponerse a la venta. Muchas veces lo que hacen es revender dichos inmuebles, ganando con cada uno más de veinte mil euros. Lo más habitual es comprarlos a precios que van entre los veinticinco mil a los treinta mil euros (en ciudades como Madrid o Barcelona) para después venderlos a noventa mil euros, ya vacíos. Éste es el valor añadido que aportan: librarse de okupas y venderlos rápido para seguir moviendo el dinero.

Los métodos que utilizan para desalojar okupas son muy variados, desde negociar con ellos, ofreciendo alrededor de tres mil euros por vivienda ocupada, hasta iniciar un proceso judicial o contratar a empresas especializadas en desalojos. Al final, los números dan la razón al rico y estos procesos suelen beneficiarles. Gracias a su amplia red de contactos conocen en qué inmuebles pueden intervenir y a qué precio.

A una persona sin conocimientos ni contactos, un imprevisto como éste le supondría una denuncia, un abogado, una puerta blindada, meses de espera, sufrimiento y mucha paciencia. Librarse de un okupa no es fácil, puede costar una media de 2.100 euros más el dinero que deja de percibirse por la explotación de la casa y la reparación de los desperfectos.

Una de las primeras cosas que se hace cuando se desaloja al okupa es poner una alarma conectada a la policía para que cualquier intruso pueda ser desalojado en horas, ya que sin ella el individuo podría afirmar que lleva más de 48 horas dentro y no sería posible desalojarlo hasta que un juez lo dictamine, algo que puede llevar entre seis y dieciocho meses.

Existen otro tipo de inmuebles con denuncias de terceros, un proindiviso de alguien que quiere vender, una herencia sin resolver, las deudas de una comunidad sobre una finca, un embargo pendiente... Todos estos problemas hacen que los ricos llamen a la puerta para saber cómo ayudar.

La experiencia, el conocimiento y los contactos adecuados permiten que estas operaciones sean fructíferas. Muchas veces nos pierden las certezas. Así lo expresó el matemático, escritor británico y premio Nobel de Literatura Bertrand Russell: «El principal problema de este mundo es que los tontos y los fanáticos siempre están seguros de sí mismos, mientras que la gente inteligente anda llena de dudas». Los ricos experimentan, preguntan y piensan, pero siguen adelante al no ver limitaciones.

#LosTrucosDeLosRicos

Un problema es una oportunidad disfrazada y los ricos las cazan al vuelo, como cuando adquieren inmuebles con okupas. Es como el dicho que dice que siempre hay una solución para cada problema, una sonrisa para cada lágrima y un abrazo para cada tristeza.

@juanharo

Truco 68

Gestionan el alquiler de inmuebles de terceros

Los alquileres son ingresos pasivos recurrentes que hay que saber gestionar, como el que idea un acueducto que requiere supervisión y un sistema esencial para alcanzar nuestro objetivo. Es necesario crear una ingeniería de sistemas donde cada paso, protocolo y norma de actuación estén escritos. Una vez que este proceso se lleva a cabo, los ricos van a por el siguiente negocio, sólo deben nombrar a un gerente o director de operaciones para que todo fluya, sin necesidad de invertir más para que la máquina produzca

La gestión de alquileres requiere disponer de rentas, aunque los inmuebles no sean tuyos y te ocupes únicamente de su administración; a cambio, cobras un porcentaje mensual. Este tipo de negocio en el que se centran los ricos, es rentable si se cuenta con los profesionales adecuados. Antes o después contarás con una importante cartera de inmuebles que, sin tener que ser de tu propiedad, te proporcionarán ingresos recurrentes. Muchas personas apenas tienen tiempo para gestionar su patrimonio, además de ser torpes en ello, algo que los ricos aprovechan.

Una vez creado el sistema podrás tener cada vez más inmuebles, además de conseguir rentabilidad de bienes que no te pertenecen ni precisan que pagues su patrimonio. La posibilidad de cobrar a diferentes inquilinos por un mismo local o alquilar un piso por habitaciones, así como el uso de distintos tipos de alquileres (turístico, por semanas...), son opciones muy jugosas. Además, verás fomentada tu creatividad al buscar la mejor manera de diferenciarte del resto de oferta.

Más allá de los inmuebles o el patrimonio personal, podemos hablar de bienes que proceden de terceros. Cuando esto sucede, los ricos montan una administración de fincas, agencia inmobiliaria o empresa que se dedique a la gestión de alquileres. Así, los beneficios por gestionar cientos de inmuebles se quedarán en casa. Para evitar montar toda la estructura pueden adquirir un porcentaje de una empresa en activo.

Otra opción sería delegar o firmar un contrato con un socio *(Partner)*. Efectivamente, los ricos suelen optar por un camino más rápido; renuncian a un beneficio mayor, pero se ahorran tiempos de gestión, firman un acuerdo con una empresa y cobran unos honorarios por cada operación. En este caso, crean un sistema para captar operaciones de personas que desean que alguien les gestione el alquiler de sus viviendas. Ellos les remiten a su *Partner* y todos salen ganando.

La inversión en inmuebles permite convertir en realidad muchos sueños. Para saber más sobre el tema te invito a que veas el *webinar* titulado «Vencer los diez obstáculos de invertir/emprender en inmuebles», que encontrarás en la sección de vídeos en la web del libro.

#LosTrucosDeLosRicos

Los ricos se guían por el principio del escritor y motivador Harv Eker: «Cuanto más trabajes tu dinero, menos tendrás que hacerlo tú». Aman los ingresos pasivos, recurrentes y no luchan por un sueldo, sino por construir fuentes variadas de ingresos.

@juanharo

Truco 69

Aportan operaciones como intermediarios

La necesidad de un tercero es una oportunidad para un rico y un negocio que ayuda al otro y a uno mismo. **Los contactos, las referencias y la agenda son elementos clave.** La verdadera riqueza está en los contactos, ya hablemos de operaciones minúsculas o titánicas. Piensa en una persona que busque comprar un centenar de ordenadores, que necesite un préstamo personal para adquirir un coche o que quiera hacerse con un hotel para un inversor. También nos podríamos poner en la piel de un abogado inmerso en un proceso de divorcio o en la de un asesor fiscal que desee pagar menos impuestos.

Los ricos se especializan en varios proveedores relacionados con sus negocios y llegan a acuerdos con los que crean más riqueza y proyectos con los que cubrir sus necesidades. No se trata de ganar dinero, sino de hacer feliz a los demás. Si conozco a un buen profesional que tiene relación con mi trabajo, por qué no recomendarlo y beneficiarme. Lo cierto es que muchas veces se pasará información sin cobrar por ello, pero eso supondrá que la otra parte también lo haga. Efecto boomerang, lo llaman.

El rico actúa como intermediario, pasando clientes a sus *Partners*. Sabemos que no es su objetivo, pero es una oportunidad de quedar bien tanto con la persona que necesita el servicio como con nuestro socio. Esto es importante porque supondrá que el rico facture más.

Los ricos huyen de la mediocridad, buscando la excelencia. Claro que también existirán profesionales que dejen que desear, pero eso es ley de vida. Los ricos no pierden el tiempo lamentándose, seleccionan a quienes hacen un buen trabajo y cumplen con sus compromisos.

En los trucos 32 y 61 veíamos múltiples formas de cobrar comisiones, ya sea con regalos, bitcoins o intercambio de bienes, la creatividad es infinita. Recuerda que, aunque el dinero fascine a los ricos, lo importante es afianzar las relaciones.

Existe la ley del equilibrio, que viene a decir que todo tiende a nivelarse, nada permanece mucho tiempo inclinado hacia el mismo lado. Si yo te doy continuamente clientes, tú te verás en la necesidad de recompensarme económicamente o devolviéndome clientes. El ser humano necesita armonía, justicia y equidad.

#LosTrucosDeLosRicos

El dinero es como la sangre: es necesaria para vivir y debe estar en movimiento; si se para, el cuerpo se colapsa. Los ricos lo saben y constantemente están pensando en el flujo de efectivo.

@juanharo

Truco 70

Son directores de orquesta

Una de las premisas de los ricos es que dedican más tiempo a diseñar procesos, sistemas y estrategias que a ejecutar, algo que puede realizarse por entre seis y quince euros la hora, a partir de un protocolo de actuación. Sin embargo, diseñar procesos, sistemas y estrategias es más caro. Aquí radica la receta del éxito: **no se trata de trabajar más, sino con mayor eficacia.**

Un director de orquesta dirige a todos los músicos sin tener que tocar ningún instrumento. Nos referimos, por tanto, a quien define los movimientos de su negocio y diseña las acciones a realizar. Los ricos son más directores de orquesta que ejecutores, contando con equipos de éxito.

Imagina que quieres montar una tienda de ropa en el centro de un pueblo. El rico diseñará todos los procesos, así como los proveedores, la política de marketing, de ventas y las normas de conducta y funcionamiento de cada departamento. Aunque no es experto en estas áreas, encargará acciones a realizar a cada responsable, actuando como un catalizador para que los tiempos previstos se cumplan, como si fuese un jefe de obra.

Ahora pongamos que el rico desea comprar un local para transformarlo en dos viviendas. Al actuar como director de orquesta, encargará las tareas a cada persona de su equipo: tendrá un arquitecto que se ocupará de solicitar los permisos para hacer el cambio de uso, contará con un departamento jurídico para supervisar la parte de los contratos y hablará con el departamento de ventas para lanzar al mercado ambas residencias. En definitiva, **se apoyará en expertos y supervisará el proceso.**

¿Qué elegirías entre dedicar tu tiempo a cien tareas de cincuenta euros o a diez tareas de quinientos euros? El resultado es el mismo, pero hay una gran diferencia. Al concentrar tu esfuerzo en sólo diez tareas, lograrás terminarlas antes y ganarás más. ¡Ésta es la visión de los ricos! Foco, esfuerzo y mucha dirección de orquesta para dedicarse a pocas tareas con gran potencial.

Entre las ventajas de actuar como un director de orquesta están: el ahorro de tiempo al coordinar tareas y acciones, el conocimiento que aportan los expertos en cada área, la posibilidad de dedicarse a más proyectos y los mayores ingresos al seleccionar las propuestas más rentables. La opción de fichar más talento, el menor índice de errores al supervisar los procesos y la aparición de nuevas ideas son otros de los beneficios.

Una vez creados los procesos, sistemas y protocolos, toca nombrar al nuevo director de orquesta que supervisará la máquina de hacer dinero. Todo seguirá funcionando sin ti, que podrás dedicarte a otras empresas.

Hay un libro maravilloso que demuestra la gran capacidad del ser humano para obtener más tiempo y dinero trabajando únicamente cuatro horas a la semana. Se titula *La semana laboral de cuatro horas*, de Tim Ferriss. En él trata algunos temas como los ingresos automáticos y la tecnología.

Si tienes negocios o eres empresario, te invito a que puntúes tu nivel de director de orquesta entre uno y diez; si quieres, pregunta a tu equipo. Sé que no es fácil ir desprendiéndose de uno o varios negocios, pero si queremos la calidad de vida de los ricos este truco es imprescindible.

#LosTrucosDeLosRicos

Los ricos se parecen a los directores de orquesta, dedicando su tiempo a coordinar a los mejores profesionales para lograr composiciones excelsas. Vigilan que todo salga perfecto, diseñando cada paso y recordando continuamente que no se trata de ejecutar, sino de dirigir.

@juanharo

Truco 71

Utilizan la resolución tributaria

(Sándwich holandés)

Ya sabemos que a los ricos les preocupan los impuestos. Son conscientes de que el ahorro de un simple 0,25 por ciento supone mucho dinero al cabo de los años. Por este motivo invierten tiempo en conocer las estructuras que existen en todo el mundo para lograr su objetivo.

Los *tax rulings* son acuerdos entre países y empresas para el pago de menores impuestos debido a los beneficios que obtienen en un territorio. Esta expresión inglesa es un acortamiento de *advance tax ruling* y alude a un acuerdo entre la Administración y un contribuyente para fijar unas condiciones específicas de tributación.

Dependiendo de la actividad de tu empresa y su facturación, puedes negociar el porcentaje del impuesto que pagarás por establecer tu negocio en dicho país. Como vemos, existen un sinfín de opciones para el empresario que se da de alta en países como Holanda, Irlanda y Luxemburgo. No hace falta ser una multinacional para acordar con la Hacienda de estos territorios el pago de impuestos menores, siendo ésta una práctica legal en la Unión Europea.

Muchos contratos de representación y *royalties* de franquicias, así como empresas con delegaciones, pagan impuestos mediante esta modalidad. En las últimas décadas destaca el creciente uso de *tax rulings* que amparan el uso de instrumentos y entidades híbridas o acuerdos sobre precios de transferencias, lo que permite a las compañías trasladar flujos entre sus filiales, localizadas en diferentes territorios en función de parámetros de difícil seguimiento para el fisco.

Existe otra figura empresarial que utilizan los ricos: **el sándwich holandés, un ingenioso mecanismo diseñado para eludir impuestos.** En este caso, una empresa multinacional no residente en Holanda estará exenta (o casi) de pagar impuestos en función del escenario o de su actividad. Se trata de una de las fórmulas de elusión que más se utiliza en la actualidad debido al mecanismo que hay detrás de esta práctica, que tiene un carácter completamente legal.

Imagina que Alucina es una empresa española que contrata los servicios de un bufete de abogados holandés. Tras reunirse con las autoridades fiscales de este país, los letrados tendrán que definir la actividad económica y el modelo de negocio del cliente para que la compañía pueda pactar con las autoridades fiscales de Holanda la tasa impositiva que pagará si lleva a cabo el proyecto que se ha comprometido a emprender.

El siguiente paso sería la creación de la empresa fantasma en Holanda, empresa que en realidad no ejecuta ninguna actividad, traspasando a esta sociedad todos los dividendos obtenidos a través de su ejercicio en un país donde la tasa sería muy superior, dados los grandes beneficios que obtienen las empresas que realizan esta práctica. Sin embargo, en Holanda, este impuesto no supera el 3 por ciento.

Cuando la empresa paga la tasa, el resto de dinero va a parar a su matriz en las Antillas Holandesas. Aquí, los accionistas y directivos se reparten unos sueldos astronómicos sin tener que tributar más. Gracias al sándwich holandés, las únicas cargas que se pagan son las de la empresa, previamente pactadas con las autoridades del país. Los beneficios acaban engordando las cuentas de los directivos.

El hecho de que sea un método para eludir impuestos de forma legal lo ha convertido en un fenómeno en boga. Así, los directivos y accionistas de grandes empresas multinacionales se enriquecen, mientras que los Estados sufren falta de liquidez debido a las lagunas legales que otros países aprovechan.

Holanda se ha convertido en el territorio ideal para asentar una compañía intermedia entre una empresa matriz y su filial en un país fiscalmente laxo; un esquema muy cómodo, sobre todo para las multinacionales, que adopta la famosísima corporación sueca IKEA.

Desde la zona se controlan todos los ingresos por propiedad intelectual a través de conexiones que van desde Luxemburgo hasta las Islas Vírgenes británicas. El 90 por ciento de las empresas del IBEX 35 tienen compañías constituidas en Holanda, mientras que el 40 por ciento de las 550 filiales más grandes de Estados Unidos tienen su sede allí, lo mismo que 245 multinacionales japonesas y 2.485 europeas.

#LosTrucosDeLosRicos

Para los ricos no hay fronteras, buscan los Estados que les faciliten la fiscalidad y les simplifiquen la vida para poder centrarse en crear y construir negocios de éxito. Los países que abogan por la represión y presión fiscal sólo consiguen que los impuestos se paguen lejos.

@juanharo

Truco 72

Conocen el poder de la escalabilidad

Hay muchos caminos para llegar a nuestro destino y **los ricos están familiarizados con el concepto de escalabilidad en los negocios.** Piensan en grande y tienen una visión muy clara de sus proyectos desde el primer momento, apostando por dar pasos de gigante. La escalabilidad supone vender mucho en poco tiempo y con apenas contratos o acuerdos, mientras que otros necesitan muchos pedidos y más tiempo para alcanzar los mismos beneficios.

Antes de enfocarnos en el crecimiento exponencial tenemos que preparar el negocio para poder facturar de cien en cien si se viene haciendo de seis en seis: así evitaremos morir de éxito. Si tienes una tienda de ropa con tres puntos de venta y deseas crecer de forma exponencial, difícilmente podrás hacerlo a menos que apuestes por la venta online o decidas subcontratar.

Para entender bien el poder de la escalabilidad, pensemos en algunos ejemplos: en una empresa de venta de zumos naturales ecológicos quizá contemos con un modelo en el que nos presentemos en tiendas, distribuidores, restaurantes y bares... o quizá actuemos como los ricos y pensemos de forma exponencial planteando, por ejemplo, un acuerdo con una cadena de hoteles o grupo gastronómico para que ofrezcan nuestras sanísimas bebidas. Así, obtendríamos contratos importantes y estaríamos haciendo uso de la escalabilidad.

Imagina que te dedicas a la venta de cursos de idiomas: si los ofreces con un buen descuento en plataformas como Groupon o Atrápalo, tu oferta llegará a cientos de miles de usuarios y los beneficios podrían asombrarte. O piensa en una tienda de accesorios para móviles: si cerrases un acuerdo con una marca para que sus usuarios disfrutasen de unas condiciones especiales o firmases un contrato con un gran centro comercial estarías desplegando tus productos ante miles de clientes potenciales.

Piensa en tu modelo de negocio mientras el rico se plantea cómo dotarlo de escalabilidad, aunque esto suponga complementar el producto con un curso grabado, lleva tiempo, pero el resultado merece la pena. Apuesta por pocos contratos, pero de calidad. También puedes firmar acuerdos de distribución o explotación de tus productos con colaboradores que los harían llegar a otras ciudades e incluso países. **El apalancamiento y la escalabilidad hacen fuerza al complementarse;** intenta apostar por colaboradores potentes que te permitan firmar acuerdos con los que multiplicar tus ventas exponencialmente.

Siempre hay soluciones para no perder ventas, aunque no tengas la estructura necesaria. Eso sí, tendrás que pensar de forma rompedora e incluso llegar a acuerdos con tu competencia.

Te invito a ver «El oasis para encontrar clientes» en la sección de vídeos de la web del libro.

#LosTrucosDeLosRicos

Unos piensan en ir paso a paso, imitando a la competencia e intentando superarla. Los ricos reflexionan sobre cómo dar pocos pasos, pero llegando más lejos, haciendo uso de la escalabilidad y el crecimiento exponencial.

@juanharo

Truco 73

Utilizan los *trust* para asegurar su patrimonio

Si uno se pone a calcular la cantidad de dinero que maneja durante toda su vida profesional se dará cuenta de que está muy cerca del millón de euros: producimos, gastamos e incluso nos hacemos con un pequeño patrimonio. Y, lo que también ocurre, es que meten mano a nuestras cuentas desde ayuntamientos, Tráfico, nuestro banco, Hacienda... Acabamos convertidos en esclavos, algo que el rico trata de minimizar.

La figura del *trust* es muy poco conocida en España pero es un término muy utilizado en los países anglosajones. Podemos definirlo como **un contrato mediante el cual una persona, el propietario real o *settlor*, transfiere la propiedad de ciertos activos a otra (*trustee*) para que los administre en beneficio de terceros (*beneficiaries*)** y los traspase al cumplirse un plazo o una condición (generalmente, la muerte del *settlor*).

Si quisiéramos profundizar podríamos definir el *trust* como una figura jurídica utilizada para la transmisión de los bienes o derechos de una persona a un tercero a través de un intermediario. Este sujeto, que sería el administrador, tendría poderes sobre esos activos, fondos, propiedades y demás bienes. El objetivo es que así se oculte la verdadera titularidad, teniendo protección legal y cierta opacidad a la hora de declarar los beneficios. En el caso de que el poseedor de los activos fallezca, éstos pueden pasar a pertenecer a un tercero a través del administrador sin tener que pagar el Impuesto de Sucesiones. Se trata de una forma de pasar el patrimonio de padres a hijos de forma limpia, económica y privada.

El *trust* se desarrolló en la Inglaterra de los siglos XII y XIII, cuando la propiedad se basaba en el sistema feudal. Los caballeros que abandonaban sus tierras para luchar en las Cruzadas dejaban sus propiedades a un administrador que las gestionaba en favor de su esposa e hijos y se ocupaba del pago del correspondiente diezmo hasta que regresaba. A menudo, el administrador causaba problemas y la ley británica no reconocía ningún tipo de derecho al propietario que había cedido sus posesiones. Ya en el siglo XIX, los *trusts* y su normativa fueron ampliamente desarrollados.

El concepto de doble propiedad aceptado por el derecho anglosajón y tan diferente a la clásica concepción unitaria e indivisible de la propiedad de nuestro Código Civil y del derecho continental en general, es lo que hace del *trust* una herramienta enormemente flexible, con muchísimas posibilidades y aplicaciones, que se puede usar para lograr objetivos impositivos, sucesorios y de protección patrimonial.

Se emplean diferentes tipos de *trust* que sirven para los más diversos propósitos. Por citar algunos ejemplos: en el mundo empresarial pueden utilizarse para realizar inversiones conjuntas; para agrupar las participaciones de pequeños accionistas y así poder ejercer el derecho a voto en una junta de accionistas; para obtener ventajas fiscales, administrar las inversiones privadas de un cargo público y evitar el conflicto de intereses o para proteger ciertos bienes o rentas de acreedores.

En el ámbito privado, los *trust* suelen usarse para gestionar diferentes intereses particulares o familiares, así como para administrar derechos de carácter sucesorio. Por otra parte, conviene tener presente que no existe un registro central, con lo que es un instrumento que brinda una máxima confidencialidad entre las partes. Desde el momento en que se establece el *trust*, la propiedad de los bienes incluida en el mismo sale del patrimonio del *settlor*, lo cual implica una serie de ventajas impositivas y que dichos activos queden automáticamente protegidos de cualquier acción legal por parte de eventuales acreedores del propietario real.

Entre las ventajas de utilizar un *trust* está el hecho de lograr la máxima privacidad, la protección del patrimonio frente a terceros, la organización de la sucesión y la optimización del pago de impuestos. Disminuir el nivel de inseguridad jurídica al cual se encuentra expuesto el capital y la obtención de beneficios patrimoniales se suman a la suerte de que el *trust* sirva como un vehículo testamentario, ya que los activos deben quedar fuera del alcance de un tribunal cuando el *settlor* fallece y en caso de nombramiento de tutor por incapacidad del propietario.

Suiza, Estados Unidos, Holanda e Inglaterra son lugares donde el uso de este truco es más que habitual. Cualquier bufete de abogados de estos territorios podrá informarte de una figura que hoy día se sigue utilizando.

#LosTrucosDeLosRicos

Cuando se trata de proteger el patrimonio, los ricos dedican gran parte de su energía y tiempo a averiguar las herramientas legales con las que evitar que éste les sea arrebatado por una deuda, sanción o embargo.

@juanharo

Truco 74

Tienen expertos en inversiones

Para los ricos, cada euro simboliza un trabajador más. **O hacemos que el dinero produzca constantemente o se convierte en un gasto,** ésa es la visión que define la riqueza continua. Tienen un radar para encontrar personas que consiguen rentabilidades mayores gracias a muchos años de experiencia y contactos importantes.

Los expertos en inmuebles, criptomonedas, empresas y negocios hacen crecer el patrimonio de los ricos. Aunque se puede empezar poco a poco, la mentalidad de riqueza es tan necesaria como el hecho de invertir. Siempre digo que la desgracia más grande es trabajar desde las ocho de la mañana hasta las ocho de la tarde, llegando exhausto a casa y sin poder compartir tiempo de calidad con los tuyos. **Por eso es tan importante buscar expertos en inversiones que se encarguen de que nuestro dinero trabaje cada día.**

Los especialistas en inversiones logran rentabilidades diarias, semanales, mensuales y anuales que combinan para que el interés compuesto trabaje logrando mejores resultados. Admiten las pérdidas y vuelven a invertir; administran las ganancias para evitar caer en la bancarrota y saben diversificar, siempre asesorados por profesionales que mueven el dinero.

No son teóricos, sino gente de acción: han aprendido con la práctica.

Te preguntarás cómo encuentran los ricos a estos profesionales que saben cómo invertir: todo es cuestión de contactos. Buscan hasta dar con los mejores en vez de guiarse por asesores bancarios que ofrecen productos que les interesa vender. Saben que nada es eterno y que las inversiones son olas que enfrentar desde que nacen, como en los negocios. No son avariciosos: si tienen mil euros para invertir, lo lógico es diversificarlo en cuatro activos de 250 euros con diferentes rentabilidades y marcos temporales.

Los ricos utilizan múltiples trucos para multiplicar su calidad de vida y finanzas. Para saber cómo lograr mejores inversiones, te invito a que escuches el *podcast* llamado «Mediocristán y Extremistán para lograr mejores inversiones», que encontrarás en la sección de audios de la web del libro.

#LosTrucosDeLosRicos

La mayoría de las personas no progresa porque no sabe cómo hacer crecer cien euros. O tienen miedo o les falta tiempo. El rico, sin embargo, otorga la importancia precisa a invertir y mover su dinero, volviéndose cada vez más rico.

@juanharo

Truco 75

Crean sociedades patrimoniales

Una de las máximas de los ricos podría ser «parece que no tienen, pero sí que tienen». A ojos de los registros públicos y oficiales no da la sensación de que tengan importantes ingresos, nóminas o patrimonio, pero la realidad es bien distinta; lo que ocurre es que viven sin llamar la atención. Prueba de ello son las sociedades patrimoniales, que sin desarrollar una actividad económica cuentan con más de un 50 por ciento de su activo constituido por valores, bienes y derechos. Su actividad consiste en la gestión de un patrimonio mobiliario o inmobiliario.

Cabe destacar que la ley asume que el arrendamiento de inmuebles no supone una actividad económica mientras no haya ninguna persona con un contrato laboral y una jornada completa dedicada a esta gestión. Hablaremos de actividad económica cuando exista al menos un individuo con estas condiciones. Las sociedades patrimoniales no pueden constituirse como tal, considerándose de este tipo si cumplen ciertos requisitos.

La principal ventaja de constituir una sociedad patrimonial radica en minimizar los riesgos, ya que al no estar afectos a actividades económicas en ningún caso podrían verse contaminadas por una mala gestión. El dinero de los millonarios nunca aparece a su nombre, siempre bajo el amparo de sociedades patrimoniales que sirven para escriturar casas, empresas, inversiones financieras, acciones o terrenos.

En lugar de cobrar con nómina, muchos famosos lo hacen mediante facturas por servicios prestados que emiten estas sociedades. Aunque no es lo correcto a nivel fiscal, es algo que se viene haciendo desde hace muchos años con el fin de ahorrar en impuestos al no tributar como ingresos de personas físicas.

Muchos ricos no presentan las cuentas anuales ante el Registro Mercantil al ser sociedades que (teóricamente) no tienen actividad empresarial. En caso de inspección, prefieren pagar la sanción (entre 1.202 y 60.000 euros) y no ofrecer ninguna información a Hacienda. Incluso los políticos utilizan estas figuras empresariales para ahorrarse cientos de miles de euros y mantener su opacidad: es el caso del expresidente del Gobierno Felipe González, que a través de una consultora, Lalcón, de la que poseía el 78 por ciento de las acciones, dejó de rendir cuentas desde el año 2005. Sólo el 10 por ciento de las compañías que lo hace son sancionadas. La mediática Belén Esteban hizo lo propio con sus dos empresas patrimoniales, Beandre Patrimonial y Producciones Bem S.L.

El exfutbolista Raúl González tuvo una sociedad patrimonial llamada Europa Scar Sport S.L. mediante la que gestionaba su dinero con el objetivo de reducir pagos, aunque él sí presentó las cuentas anuales en el Registro Mercantil. Muchos de sus bienes los tiene a nombre de esta sociedad, incluida una residencia que posee en Menorca. Sobre el papel, estas propiedades no son suyas. Sus derechos de imagen, como los de otros tantos personajes famosos, son cedidos a empresas que facturan como ingresos publicitarios a través de estas sociedades.

Otro ejemplo es el del portero Iker Casillas, que centraliza el dinero que obtiene de la publicidad en la empresa madrileña Ikerca S.L., mientras que el exjugador del Atlético de Madrid, Fernando Torres utiliza la empresa Fernando 9 Torres S.L. para gestionar su patrimonio. El expresidente del Gobierno José María Aznar, por su parte, utiliza la firma Famaztella para reducir los impuestos que paga por sus libros, discursos y conferencias.

El DJ Kiko Rivera utiliza la empresa Eventos Artísticos River 84, mientras que el cantante David Bisbal escrituró su casa en el número 5025 de Collins Avenue en Miami a nombre de la sociedad Indalo Viviendas S.L., para seis años después vender su hogar junto a la playa y un embarcadero privado al actor Tyrone Brown, que pagó la friolera de 870.000 dólares. Si hubiese comprado la casa a su nombre, habría tenido que pagar a Hacienda por la plusvalía.

Hay un libro muy recomendable que arroja muchos más datos al respecto y nos habla de cómo la clase media sigue siendo estrangulada mientras que los ricos pagan menos impuestos. Se titula *El club de los pringaos* y está escrito por Daniel Montero. También te invito a leer «La invisibilidad y la fiscalidad en la protección de tu dinero y tu patrimonio» en la sección de artículos de la web del libro.

Para que una sociedad patrimonial se ponga en marcha se necesita que más del 50 por ciento de su activo esté constituido por valores o no esté afecto a ninguna actividad económica. Entre los ejemplos de este tipo de sociedades distinguimos los de **tenencia de inmuebles** (que poseen viviendas familiares para su uso y disfrute), los de **alquiler** (sin personal empleado con contrato laboral y jornada completa) y los de **tenencia de valores,** que invierten en Bolsa.

#LosTrucosDeLosRicos

Los ricos realizan un cóctel de creatividad, fiscalidad, opacidad y legalidad con el que logran contentar a todos y seguir adelante con sus múltiples fuentes de ingresos.

@juanharo

Truco 76

Se apalancan en la banca

La relación de los ricos con los bancos es especial, cuidándose mutuamente para salir beneficiados. En este libro estamos descubriendo cómo hacen dinero sin tocar el suyo; en muchos casos invierten sin un solo euro mediante pagos aplazados y cuando deciden dar el paso de comprar es porque el precio merece la pena. Llegado a este punto, se apalancan en la banca.

Cada mes destinan una parte de su capital a aumentar su Fondo de Emergencia Diversificado (FED), contemplando cualquier escenario posible y ahorrando una cantidad para poder volver a empezar si fuese necesario; otra gran parte la reinvierten. Aprovechan los momentos alcistas para jugar con la banca, conscientes de que hay épocas donde se abre el grifo y otras donde no se presta dinero o se ponen más dificultades. No les cuesta detectar los momentos clave, que utilizan para posicionarse y multiplicar aquello que les fían. Cogen el dinero de terceros y lo prestan o invierten en diferentes productos financieros para lograr importantes rentabilidades. Así, un 2 por ciento anual lo transforman en un 30 por ciento.

Las pólizas de crédito que la banca concede a pymes y autónomos para que puedan disponer de liquidez se postula como una vía de financiación muy habitual en la que se cuenta con un préstamo con vencimiento y disposición del capital prestado en función de las necesidades del cliente. Los ricos las utilizan a menudo mientras que la banca llama con frecuencia a empresarios de éxito para ofrecerles este servicio. Hoy día, el Banco Central Europeo penaliza a los bancos si no sacan dinero a la calle, de la misma forma que penalizan a los clientes que no mueven sus fondos.

Los bancos agasajan a los ricos para seguir fidelizándolos. El dinero llama al dinero incluso en épocas complicadas, en ésas la creatividad y los contactos suplen la falta de financiación por parte de entidades, y se solicita capital a inversores privados o se permuta dinero por un porcentaje de la sociedad.

Para lograr la confianza necesaria para solicitar dinero a la banca suelen maquillar sus balances y activos gracias a expertos contables y tasadores que les ayudan a comprar activos mucho más baratos que engordan para que el banco crea que valen más de la cuenta y les sigan prestando dinero barato que multiplicar gracias al conocimiento, los contactos y la sabiduría personal. Los dosieres, contratos y acuerdos comerciales para presentar al banco deben estar perfectamente redactados.

Otro aspecto relevante es que los ricos trabajan con varios bancos al mismo tiempo para comparar condiciones y hacerlos competir entre ellos. Cada uno decide si le conviene ofrecer las mejores pólizas de seguros, abrir líneas de crédito en otro lugar o plantear un porcentaje mayor de hipoteca con respecto a la tasación de un inmueble, mientras que algunos se enfocan en el valor entre el contrato de compraventa y la tasación. En un momento determinado, una entidad puede lanzar diferentes campañas de *renting* para que los clientes compren coches a sus directivos. Incluso, en momentos de urgencia, algunas entidades son más proclives a prestar dinero por cuestiones de tesorería.

Todo esto lo saben los ricos, que se dedican a diversificar mientras el ciudadano de a pie trabaja con sólo uno o dos bancos, limitando las posibilidades de ahorrar en condiciones y comisiones. Los más sabios se interesan por las necesidades de los directores de sus oficinas e intentan conocer a los jefes regionales y a los directores de riesgo para crear alianzas; les mandan clientes porque saben que les deberán un favor. Recuerda el truco 63, en el que señalábamos la importancia de los intermediarios financieros y negociadores profesionales bancarios.

Te invito a ver los «Cinco requisitos para comprar un inmueble sin dinero» que encontrarás en la sección de vídeos en la web del libro.

El popular presentador Andreu Buenafuente dijo una vez que «los bancos son como las pastillas de caldo: nos cuecen y se enriquecen». Los ricos se encargan de ser ellos mismos quienes salgan ganando. Si repartiesen todo su dinero entre la población, es más que probable que en menos de cinco años éste volviera a sus manos debido a la maestría en su gestión.

#LosTrucosDeLosRicos

La banca sigue el patrón de los ricos a la hora de prestar dinero, dejándolo en las manos apropiadas. Por otro lado, penaliza a todo el que lo inmoviliza con fuertes comisiones y productos financieros que nos empobrecen.

@juanharo

Truco 77

No tienen apego a los negocios

El secreto de la libertad es actuar sin obsesionarse con los resultados. Del apego surge el miedo. Volviendo al maestro de artes marciales Bruce Lee, conviene recordar estas palabras de su cosecha: «Cuando nos aferramos a la forma y se produce el apego a la mente, no estamos siguiendo el camino verdadero. Si eliminas por completo todos los objetos de la mente, notarás que la vida se expande de forma considerable».

Un negocio nos permite aportar riqueza y valor al mundo mediante soluciones y la distribución de productos o servicios que otorguen una mayor calidad de vida a los clientes. Hablamos de riqueza ilimitada, algo por lo que los ricos no se limitan a crear un solo negocio, concentrándose en cada proyecto durante un tiempo finito sin perder de vista las gráficas que les indican si van por buen camino.

Cuando crean un negocio, se suelen poner una fecha límite (dos años, por lo general) para testearlo. Dependiendo de los resultados lo cerrarán, decidirán venderlo o delegarán en terceros. Si los análisis cuantitativos dicen que no está aportando valor o que el mercado lo rechaza, la liquidación será evidente; plantarán otro árbol gracias a la ausencia de apego. Pueden estar enamorados de su proyecto, pero quien decide la dirección es el mercado y, si está causando pérdidas o hay un estancamiento, el rico no dedicará más tiempo a un asunto que no es rentable.

Si hay indicadores de éxito o los números prometen, se plantearán venderlo y crear otros negocios o seguir realizando protocolos y sistemas para exprimirlo. Se trata de generar una máquina de hacer dinero que satisfaga una necesidad en el mercado. También pueden nombrar a un director general o coordinador de operaciones que siga dirigiendo el barco. Como vemos, **los ricos no se conforman con depender de una única fuente de ingresos,** algo que requiere de desapego para poder decidir fríamente qué camino tomar.

Las etapas de un negocio son: la visión; la creación y el diseño; el planteamiento de una estrategia; la definición del equipo a través de un organigrama; el uso de recursos; la aplicación de sistemas, protocolos y normas de actuación; la medición a través de ratios, estadísticas y análisis de datos y; por último, la corrección de desviaciones.

Se trata de crear una máquina de generar dinero y aportar valor al mundo. Una vez realizadas las ocho etapas de negocio lucharemos por mejorar los procesos, productos o servicios para dotarlos de gran competitividad en el mercado. No olvides jamás el truco 70: ser directores de orquesta durante un tiempo establecido.

#LosTrucosDeLosRicos

Los ricos huyen del apego: saben que algo o funciona o falla. Los números hablan por sí mismos: si son positivos, venden o delegan; si son negativos, cierran.

@juanharo

Truco 78

Estudian el retorno de la inversión (ROI)

El tiempo es vital en la vida, los negocios y las inversiones de los ricos. Por eso, **el retorno de la inversión (ROI) es un dato imprescindible que mide el rendimiento económico de un gasto.** Aunque sólo hayas echado tiempo en la actualización de las redes sociales o en escribir una publicación en tu blog, es bueno que sepas tu coste por hora y de ahí extraer tu ROI.

Hablamos de una métrica que permite averiguar la cantidad de dinero que hemos generado con una acción para saber si hemos perdido dinero y tiempo o si hemos dado en el clavo. Si no sabes si una inversión es rentable, estarás actuando a ciegas. Un ROI bajo significa que el capital invertido vuelve rápidamente a nuestro bolsillo, mientras que uno alto se traduce en un retorno del dinero lento.

Imagina que tenemos dos negocios que podemos adquirir: una administración de fincas y un restaurante. El propietario del primero nos pide 750.000 euros, con unos beneficios anuales de 175.000. **El ROI se obtiene dividiendo el precio total entre los beneficios anuales.** Este cálculo nos da un ROI de 4,2 años para recuperar la inversión. En el caso del restaurante, el importe es de 1.200.000 euros, y los beneficios anuales de 115.000 de media. El ROI es de 10,4. Usando el sentido común, nos decantaríamos por el primero.

En el caso de los inmuebles, el ROI suele rondar los doce años. Toda aquella inversión que recuperemos en ese tiempo o menos nos convendrá. Si tenemos un apartamento en Valencia con un precio total de 125.000 euros que nos aporta unos ingresos anuales de 6.300, hablaremos de un ROI de 19,8. Si lo enfrentamos a un local de Barcelona cuyo importe es de 237.000 euros y su alquiler anual nos da 21.240 euros, veríamos que, aunque el precio del local es mayor, el ROI es mucho menor (11,1).

Comparemos una campaña de publicidad mensual en redes y otra en una revista: en el primer caso, podríamos invertir en Facebook 250 euros con los que facturar unos 1.500 euros, mientras que la revista nos cobra 730, llegando a lograr unas ventas de 2.050 euros. El ROI de las redes sociales es de 0,16 y el de la revista de 0,35. ¡Bienvenidos a la era digital!

Puede que necesitemos dedicar seis horas diarias a un negocio digital con una facturación anual de 17.000 euros, mientras que precisamos de cuatro horas al día para un potencial negocio de criptomonedas que nos deja unos beneficios de 22.000 euros. En este caso debemos ponerle un valor a nuestra hora, que fijamos en 20 euros. Si trabajamos 188 días al año, en el caso del negocio online estaré invirtiendo 120 euros al día y 22.560 de inversión temporal. El ROI asciende a 1,3. En el caso del negocio de criptomonedas, pondremos en juego 80 euros diarios y 15.040 de inversión temporal. El ROI, de 0,68, demuestra que ésta es una apuesta mejor.

En el truco 11 veíamos el concepto de coste de oportunidad. Recuerda que es mejor decir que no a una oferta que invertir tiempo o dinero en un proyecto con un ROI alto, porque estaremos ignorando otras oportunidades y rentabilidades. Los ricos gestionan rápidamente las pérdidas y dejan correr los beneficios como si se tratase de un mantra. Siempre es mejor un menor porcentaje de beneficio en poco tiempo que uno mayor en un período extenso: un 5 por ciento mensual durante un año supondrá un mínimo de un 50 por ciento (sin contar con el interés compuesto) si haces diez inversiones de este tipo, frente a un 25 por ciento en el mismo período, algo que, aunque no sea mala rentabilidad, mantiene quieto el dinero hasta el vencimiento.

Si en el primer supuesto minimizas el riesgo al recuperar la inversión con la rentabilidad, y además te preparas para otra inversión mejor, en el segundo caso el riesgo sigue existiendo hasta que concluya el año, sin poder invertir en otras operaciones. Por tanto, **siempre es mejor mover el dinero en espacios temporales cortos para hacer crecer nuestras finanzas.**

#LosTrucosDeLosRicos

Los ricos dejan las emociones de lado a la hora de invertir tiempo o dinero, son los números y los ratios los que deciden por ellos. Valoran su tiempo y su dinero de forma exclusiva y prefieren no precipitarse ni congelar sus recursos a raíz de una pésima decisión.

@juanharo

Truco 79

Invierten tiempo en sistematizar y mejorar procesos

Estamos en el siglo de la automatización, la inteligencia artificial y la sistematización. Algo que necesitamos aprender de los ricos es la importancia del apalancamiento, así como que muchos trabajos los puede llevar a cabo la tecnología. Google ha lanzado recientemente una herramienta para pymes denominada Google Assistant que hasta puede hacerse pasar por un ser humano para pedir una cita en la peluquería o hacer una reserva en un restaurante. El servicio lleva a cabo la llamada por nosotros de una forma tan natural que quien esté al otro lado difícilmente sabrá que habla con una máquina. Es un hecho: la automatización está llegando a todas las industrias. ¿Sabes que ya existen los coches que funcionan solos?

Un negocio requiere de cuidados y de un análisis continuo de sus procesos para que éstos mejoren. El objetivo es lograr la atención y satisfacción del cliente, lo que lleva a la publicación continua de nuevas versiones. Que se lo pregunten a los taxistas con la llegada de Uber o a los hoteles con la aparición de Airbnb... ¡Reinventarse o morir!

Los ricos no dejan de enriquecer procesos, sistematizando los diferentes departamentos para lograr que su negocio prospere. Lo dotan de creatividad, innovación y sistemas para que funcionen de forma automática, montando negocios o franquicias similares. Entre las ventajas de dotar de vida propia a sus proyectos está el hecho de aumentar el valor de la empresa para su venta o reproducción. Al tener protocolos es más fácil medir la incidencia de cada uno de los departamentos en el mercado, así como corregir más fácilmente las desviaciones que se produzcan y aumentar la creatividad en cada proceso o área para implantar nuevas ideas o acciones que nacen de los propios empleados. La mejora de calidad y facturación al poder duplicar las oficinas, empresas o departamentos, el menor número de errores al existir manuales de procedimientos y el ahorro de gastos superfluos al tener todo protocolizado son otros de los beneficios que se suman a la posibilidad de montar franquicias o negocios similares con sistemas ya probados.

El objetivo que se persigue con la sistematización es que los proyectos parezcan máquinas vivas que generen riqueza y aporten valor, siempre con el sello del rico, que trata de mejorar la vida de las personas aportando soluciones concretas a problemas definidos. Si los negocios dan síntomas de agotamiento, los venden o los reinventan; quizá en otras manos crezcan de nuevo o los rediseñen. Recordemos los ciclos del truco 25, así como nuestra habilidad para reconocerlos...

#LosTrucosDeLosRicos

Los ricos son hábiles a la hora de crear procesos, protocolos y procedimientos que gesten máquinas de hacer negocios que puedan ser duplicables en manos de terceros, con el fin de seguir originando riqueza y resolviendo problemas.

@juanharo

Truco 80

Crean y utilizan SICAV

Según las estadísticas, cada español trabaja al año 146 días para Hacienda, es decir, más de la mitad de su vida laboral. Algo increíble que hace que a los ricos les preocupe tanto la fiscalidad. Cuando hacen estos cálculos, lo que intentan es trabajar menos meses para el Estado pagando menos impuestos dentro de la legalidad. No luchan por cambiar el sistema, sino que buscan soluciones dentro o fuera de España.

Las SICAV son sociedades que invierten su capital en activos financieros y se aprovechan de un régimen fiscal favorable: tributan sus beneficios al 1 por ciento en vez de al 28 por ciento, como la mayoría de las sociedades. Estas sociedades de inversión de capital variable son un instrumento utilizado principalmente por grandes fortunas de Luxemburgo, Suiza, Italia, España y Francia. Criticadas por ser vistas como una herramienta legal para evadir impuestos, las SICAV permiten invertir parte del dinero y diferir el pago de tributos gracias a la creación de una sociedad anónima destinada a invertir en activos financieros.

A los ricos les gustan las SICAV, cuya creación dependen de requisitos como contar con al menos cien accionistas y un capital mínimo de 2,4 millones de euros. En el caso de una SICAV por compartimentos, el capital mínimo es de 480.000 euros. En numerosas ocasiones se ha dado el caso de sociedades en las que, si bien en la práctica hay más de cien accionistas, uno de ellos posee el 99 por ciento del capital, denominándose al resto como *mariachis*. Esto se produce al existir una laguna normativa: en la Ley 35/2003 se detalla el número de accionistas, pero no se especifica nada acerca del capital mínimo aportado.

Para montar una SICAV, el cliente (que suele ser una familia) llega al banco, donde se decide quiénes son los accionistas mayoritarios. Después, la entidad consigue a los socios necesarios para llegar al centenar y así poder beneficiarse de la tributación al 1 por ciento. Para conseguir estos *inversores fantasma*, el banco pide a sus empleados que estén dispuestos a figurar como *mariachis* en las sociedades que gestionan y a tener unas diez acciones de un euro, ya que el objetivo es mantener el negocio de la entidad. En los últimos quince años, la **Comisión Nacional del Mercado de Valores** (**CNMV**) ha permitido que los bancos utilicen de forma habitual testaferros para que algunas SICAV alcancen el número mínimo de accionistas por ley.

Este tipo de sociedades son bastante comunes en Europa, no sólo entre las familias más acaudaladas, sino también como instrumento para gestionar fondos de inversión gracias a sus ventajas fiscales: En España se paga un 1 por ciento de impuestos por los rendimientos y plusvalías que generen, pero en Luxemburgo se tributa un residual 0,01 por ciento.

Las SICAV no son nuevas: surgieron en el año 1985. En la actualidad, 3.347 de ellas acumulan más de 26.000 millones de euros en patrimonio, la mitad de la capacidad de ahorro de España. Las principales fortunas del país controlan estas empresas. Pedro Almodóvar y su familia tienen más de 4,7 millones de euros en una, pero hay muchos más propietarios de SICAV nacionales: la familia Botín, la farmacéutica Roché, Seguros AXA, la productora Warner Media...

El empresario español Amancio Ortega cerró dos de sus principales SICAV en el año 2010, Keblar y Alazán Inversiones, que llegaron a reunir 163 millones de euros. Ahora tienen otras dos sociedades de este tipo con más de 500 millones, Breixo y

Soandres Activos, siendo esta última la tercera SICAV con más patrimonio del país, con 320 millones de euros de inversión. La heredera del imperio FCC, Alicia Koplowitz, tiene la SICAV Morinvest, donde mantiene 473 millones. Otra gran SICAV es Allocation, de la familia Del Pino, fundadores del gigante de la construcción Ferrovial, con 410 millones.

Entre las ventajas de las SICAV están su baja fiscalidad, que no les afectan las subidas de impuestos y que se puede sacar dinero sin necesidad de pagar impuestos siempre que no supere la cantidad invertida. Que las acciones de la empresa se compren o vendan en cualquier momento, el control del capital invertido por parte del propietario y la supervisión de la Comisión Nacional del Mercado de Valores (CNMV) también ayuda. El partícipe accede a una cartera de valores amplia, tanto en mercados como en tipo de activos (acciones, bonos, depósitos, divisas...), algo difícil de replicar de forma individual. Esto permite minimizar riesgos y reducir la volatilidad. Las SICAV pueden actuar rápidamente, realizando las compraventas más recomendables en cada momento y obteniendo beneficios que tributarán al 1 por ciento. Gracias a este tipo de vehículos de inversión, cualquier persona, independientemente de sus ahorros, puede acceder a una gestión de capital distinta de la que suelen ofrecer la mayoría de entidades bancarias. Por cierto: **el dinero invertido en las SICAV ya ha tributado al proceder del ahorro de sus accionistas.**

#LosTrucosDeLosRicos

Todo gira alrededor de las minorías, que recogen los mayores beneficios, pagan los menores impuestos y se quedan con las grandes riquezas.

@juanharo

Truco 81

Aplican la escala del conocimiento

Existen tres variables finitas que hay que tener en cuenta cuando se habla de conocimiento: **el saber infinito, el tiempo finito y el cambio continuo.** La primera se refiere a que existe un universo incalculable por descubrir cuando quieres aprender alguna materia. El periodista canadiense Malcolm Gladwell realiza una extensa investigación sobre el éxito en su libro *Outlets*, donde estudia las vidas de programadores como Bill Gates, atletas como Michael Jordan y empresarios como Steve Jobs. Según él, para alcanzar la maestría en un campo determinado se requiere de un nivel razonable de talento y habilidades, así como de alrededor de diez mil horas de práctica deliberada.

En cuanto al tiempo finito, esta variable es vital cuando se trata de adquirir conocimiento en un campo. No estamos aquí para siempre. Es indispensable, también, reflexionar sobre el cambio continuo. Lo que hoy sabes mañana no servirá. Tienes que reciclarte continuamente.

¿Compensa más saber de todo o ser un sabio en algo determinado? La diversificación frente a la especialización. Cuando nuestros hijos suspenden una asignatura, los que somos padres les ponemos un profesor particular, pero si ha sacado un notable en dibujo nadie piensa en ponerle un profesor para estimular su talento. Para todo eso sirve la escala del conocimiento. Los ricos son conscientes de la importancia de especializarse en uno o dos campos de conocimiento. De cara a los campos que no dominan, deciden buscar a los mejores y subcontratarlos o unirse a ellos; con un gran equipo es más fácil ganar el partido.

La escala del conocimiento es la que se aplica a cualquier campo que quieras mejorar o que tu negocio necesite, ya hablemos de habilidades, materias, áreas de conocimiento... Se trata de puntuar del uno al diez. Puede que seas bueno liderando equipos y motivando a que los que te rodean logren objetivos. Si te apasiona tendrás un ocho sobre diez y habrás encontrado tu área clave. Sin embargo, quizá en otras áreas como en la captación de clientes en redes consideras que tienes un tres.

Mucha gente que no aplica la escala del conocimiento intenta aprender más y más en cursos, conferencias, vídeos... Tengo que decírtelo: por mucho que lo intentes acabarás con un siete o menos, porque quienes tienen un ocho, nueve o diez llevan muchos años trabajando en su sector. Por tanto, un rico aplicará la escala del conocimiento para reforzar aquello en lo que tiene una puntuación muy alta, mientras que en aquellas áreas donde lo necesite subcontratará a los mejores para que aporten su conocimiento en el negocio. Una vez más, usan el apalancamiento.

Todos destacamos en una o varias áreas tanto personales como profesionales. Hay una metáfora que utiliza el fundador de la empresa 8 Belts y autor de varios bestseller, Anxo Pérez (artista, comunicador, empresario, etc.), que nos demuestra esto de forma visual: piensa en una piscina, que sería aquello que controlamos y en lo que destacamos. Ahora, imagina un gran océano de áreas, conocimiento, campos o materias que no dominaremos jamás. Enfocarse en la piscina es la clave.

Entre las ventajas de aplicar la escala del conocimiento están el hecho de poder invertir tiempo en ser extraordinario en un par de áreas, el ahorro de miles de horas al no intentar saberlo todo y la posibilidad de que tus empresas pasen a otro nivel. Podrás ahorrar dinero en impuestos y en facturación al contar con los mejores expertos e irás al grano en cada área, sin necesidad de información superflua. Estarás actualizado y sufrirás menos frustraciones.

Los ricos crecen exponencialmente porque no invierten grandes cantidades de tiempo en saber de todo. Así llegan más lejos. Por tanto, te invito a que definas las habilidades o áreas de conocimiento en las que destacas y a que consigas escribir las áreas de tu empresa que requieren pasar de entornos 2-5 a 7-10. Para ayudarte a ello, encontrarás un ejercicio con diez preguntas en la web del libro con el que podrás aplicar la escala del conocimiento a tu negocio.

#LosTrucosDeLosRicos

Hay un refrán que dice «aprendiz de todo, maestro de nada». Los ricos evitan saber de todo, concentrándose en aquello en lo que son excelentes. Aplican la escala del conocimiento para llegar más lejos.

@juanharo

Truco 82

Crean ETVE

Las **entidades de tenencia de valores extranjeros (ETVE),** también conocidas como *holding* españolas, son aquellas sociedades que se benefician de un régimen fiscal especial consistente en la exención respecto a los dividendos o plusvalías que obtengan por la tenencia de acciones o participaciones en sociedades extranjeras. Se trata, por tanto, de sociedades con una gran capacidad de inversores extranjeros que, al canalizar su capital a través de una sociedad *holding* establecida en España, desarrollan inversiones internacionales sin tener que tributar por las rentas derivadas de las mismas.

Las ETVE son empresas tan legales como desconocidas en España para el ciudadano común. Para que no paguen impuestos de ningún tipo sólo tienen que recibir sus beneficios de otras compañías ubicadas fuera de nuestras fronteras. Por tanto, la única diferencia entre España y un paraíso fiscal es el secreto bancario.

Puedes crear una ETVE como sociedad anónima o como sociedad limitada. Si apuestas por el primer caso, deberás tener un capital social mínimo de sesenta mil euros, del que al menos el 25 por ciento deberá ser desembolsado. Si prefieres una sociedad de responsabilidad limitada necesitarás un capital social mínimo de tres mil euros, del que deberás desembolsar su totalidad.

La normativa de las ETVE dice textualmente que sus propietarios no pueden residir en paraísos fiscales, pero esto tiene fácil solución: por ejemplo, si una empresa está en Panamá, abre una empresa en Londres y desde allí gestiona una ETVE española, será una compañía legal con la que invierte sus fondos por todo el mundo sin levantar sospechas ni pagar impuestos. En España, este tipo de negocios no tributan por su actividad, ni tampoco cuando reparte beneficios a los accionistas, moviendo más de 124.000 millones de euros.

Nacidas como forma jurídica en España a mediados de los noventa para atraer capitales extranjeros, las ETVE imitan la fórmula utilizada por países como Dinamarca, Suecia, Holanda, Bélgica o Irlanda. Todos los países que no tienen un paraíso fiscal físico utilizan esta fórmula o alguna parecida.

Las grandes multinacionales internacionales han abierto empresas de este tipo en nuestro país por las ventajas fiscales que suponen. No existe un registro, por lo que es imposible saber cuántas hay. Los propietarios de las mismas no tienen la obligación de indicar el nombre de la compañía. Como hemos dicho anteriormente, las ETVE no pagan impuestos por sus beneficios en el extranjero, pero sí reciben ayudas y rebajas fiscales si sufren pérdidas.

El gigante de bebidas carbonatadas Pepsi, por ejemplo, controla filiales en Alemania, Portugal, Rusia, México y Luxemburgo desde su ETVE española. Otras muchas empresas, como American Express o Hewlett Packard, han abierto ETVE en este país. La compañía General Mills (propietaria de los helados Haagen-Dazs), con 39 empresas abiertas en el paraíso fiscal estadounidense Delaware, guardaba 310 millones de euros en la empresa ETVE española General Mills Holding Spain.

Muchos ricos abren sus empresas fuera para luego crear una ETVE en España. Como requisitos para poder llevarlo a cabo: la actividad de las filiales debe llevarse a cabo fuera del territorio español y los socios no deben vivir en paraísos fiscales. Del mismo modo, se requiere una inversión mínima en el extranjero de seis millones de euros o bien tener el 5 por ciento del accionariado de una empresa superior.

Según el Ministerio de Industria, las ETVE canalizaron —en un solo año— doce mil millones de euros hacia España, aunque esto no supone ni un euro en impuestos ni la creación de puestos de trabajo o inversiones. El *holding* de Pepsi mencionado más arriba tiene contratada a una sola persona en su ETVE, aunque hay otras que ni siquiera cuentan con personal. Por tanto, es un recurso utilizado por los ricos para no pagar impuestos gracias a empresas españolas que reciben sus beneficios de compañías extranjeras. Otra forma de aplicar el ingenio, el conocimiento y las leyes a favor de sus intereses.

Si te interesa este tema, te invitamos a que veas un caso práctico en el que la mayor empresa del mundo crea una ETVE en España para ganar diez mil millones de euros en dos años sin pagar un solo euro en impuestos. Lo encontrarás en la sección de artículos en la web del libro.

#LosTrucosDeLosRicos

Las leyes permiten que unos pocos se ahorren el pago de impuestos. La mayoría no conoce los trucos que utilizan los ricos para proteger los intereses de sus negocios, empresas y familias.

@juanharo

Truco 83

Lavan dinero en efectivo

Los ricos se suelen encontrar con el problema de tener mucho efectivo que necesitan poner en circulación. **El término blanqueo de capitales (*money laundering*) se refiere a los procedimientos que se ejecutan para cambiar la identidad del dinero obtenido ilegalmente (o no) de manera que parezca que procede de una fuente legítima.** El objetivo del lavado (también conocido como blanqueo) es que el capital aparezca como fruto de una actividad económica o financiera legal. Existen empresas creadas para este fin, así como otras tantas que buscan pasar dinero del punto B al A, siendo el primero dinero efectivo y el último dinero puesto en circulación de forma legal.

Por tanto, diferenciamos **dos tipos de dinero que todo rico utiliza:** el efectivo, conocido como dinero B, que no ha tributado impuestos, y el dinero declarado que ha tributado impuestos o lo hará próximamente.

A veces se tiene la falsa creencia de que todo dinero B procede de actividades ilegales, pero no siempre es así. Existen muchos negocios que tributan por módulos, con cantidades de impuestos fijadas. ¿Y qué ocurre con lo que se cobra en profesiones que permiten el pago en efectivo? Pues que muchos no lo declaran, convirtiéndose en dinero B que no proviene de ninguna actividad oscura a pesar de la mala prensa.

El rico tiene la potestad de decidir si declara el dinero en efectivo, sabiendo que toda acción tiene consecuencias. Si gestionas dinero efectivo podrás entrar en operaciones de compra para comprar un inmueble, joyas o arte; incluso para adquirir empresas o negocios. Además, te estarás ahorrando el pago de impuestos. No olvidemos que el rico se plantea siempre el peor escenario y valora el dinero en metálico pensando en posibles guerras o quiebras económicas que lleven al cierre de bancos y el bloqueo de cuentas corrientes.

Con respecto al dinero declarado (A), lo cierto es que te servirá para tus balances, cuidar tu imagen en el banco, crecer como empresa y descubrir la calidad de vida del rico a través de sus negocios. Todo tiene su lado bueno.

Entre los supuestos con los que los ricos usan el dinero en efectivo, podemos enumerar los doce siguientes:

1. **Inmuebles.** Los ricos compran y venden edificaciones solicitando efectivo en muchas operaciones. Los inmuebles han venido escriturándose en España por debajo del precio real y la diferencia entre ambas cantidades genera dinero en efectivo al vendedor. Si un propietario pide por un bloque 300.000 euros, el comprador le puede ofrecer 310.000 euros siempre que escriture en 250.000 y el resto se entregue en efectivo. El rico tiene un inmueble que vale mucho más y, si quisiera venderlo, ya tendría el dinero blanqueado.
2. **Obras de arte.** La compraventa de estos bienes constituye uno de los mecanismos más utilizados para blanquear dinero, junto a la inversión inmobiliaria. A la tasación de obras hay que añadir la relación entre marchantes y artistas con sus clientes. En este sentido, los primeros tienen la posibilidad de vender las obras sin aclarar el importe de la transacción, lo que posibilita eludir los correspondientes impuestos. Además, la factura puede reflejar un

valor de compra menor de lo que se ha pagado y abonar el resto en efectivo.

3. **Casino.** Acuden al casino a jugar con efectivo, compran fichas muy altas, pero no las juegan todas. A la hora de cambiar las fichas, en lugar de hacerlo por efectivo piden un cheque. Si Hacienda pregunta, dirán que les tocó un buen premio. Incluso suelen ir acompañados de otra persona para poner el bono a nombre de un tercero. Otra operativa sería sentarse en una mesa de juego, perder dinero y proponerle al ganador comprarle su premio a un precio superior al montante y cambiar las fichas de las ganancias por un cheque.
4. **Subastas.** El rico presenta a subasta una serie de objetos. Con anterioridad, entrega una cantidad de dinero (más el pago de una comisión) a un cómplice, que puja y obtiene los objetos subastados. De esta forma el rico recibe el importe del dinero blanqueado por parte de la casa de subastas en un cheque, además de la devolución de los objetos subastados por su cómplice. Mediante este tipo de transmisiones es más fácil mantener la confidencialidad sobre la identidad del propietario de las obras, a diferencia de los registros de propiedad inmobiliaria. Podrías comprar cuadros en el extranjero y no tener que declararlos a través de modelo 720 de Hacienda, ya que las obras de arte no se declaran como bienes más allá de nuestras fronteras.
5. **Cambio de billetes de quinientos euros.** Consiste en la utilización de un grupo de personas encargadas de cambiar billetes por otros de menor valor.
6. **Un bar de copas.** Los ricos ponen muchos locales de este tipo porque a través de ellos es fácil blanquear dinero. Con una oferta de primera copa gratis ya lo tendrían resuelto. Aunque el empresario esté regalando cientos de copas, Hacienda las identifica como vendidas. Tiene la prueba de las botellas consumidas. Además, al ser un bar que se acoge al pago de impuestos por módulos, estaría pagando muchos menos impuestos.

7. **Lotería.** Hay ricos que compran billetes premiados por cantidades superiores a lo ganado con el objetivo de blanquear dinero. Quien tiene el dinero en efectivo, preferentemente a través de un intermediario, contacta con el titular del billete premiado, al que propone la compra del boleto a cambio del premio más una jugosa comisión. Una vez se llegue a un acuerdo, el rico reclama el premio ingresando el décimo en el banco y lo convierte en parte de su patrimonio, justificando de esta manera su aumento patrimonial. Por su parte, el verdadero ganador del sorteo obtiene el premio más el sobreprecio por su venta en efectivo.
8. **Automóviles deportivos, aviones, artículos de lujo, cheques y piedras preciosas.** Pagan con efectivo una gran parte y otra por transferencia bancaria con un valor menor a nombre de sociedades o a su nombre. Aquí se podría incluir la compraventa de piedras y metales preciosos que, por su alto valor y pequeño volumen, son fácilmente transportables y transformables en efectivo en cualquier parte del mundo.
9. **Una maleta con diez mil euros.** La ley dice que si alguien quiere sacar más de diez mil euros de España debe declararlo, y que si va a mover más de cien mil euros en efectivo dentro del país, también. Los ricos lo fraccionan en menos de diez mil euros y pasan la frontera varias veces durante diferentes meses hasta un país en el que puedan abrir una cuenta corriente o crear una sociedad.
10. **Bitcoin y criptomonedas.** Existen grandes cantidades de bitcoins y criptomonedas compradas en efectivo. Hay muchos mercados que no requieren identificación al ser un mercado descentralizado difícil de localizar e identificar a su dueño. Además, pueden enviarse en cuestión de minutos sin tener que pasar fronteras ni tratar con bancos. Fácil y rápido. Un método ideal para los amantes de la privacidad.
11. **Tarjetas prepago.** Al no requerir una cuenta bancaria ni la verificación de la identidad del cliente (hasta un deter-

minado importe), son un buen instrumento de blanqueo con el que los ricos tienen la posibilidad de mover dinero mediante su compraventa.

12. **Cuentas bancarias.** El rico creará varias de ellas, entre las que dividirá el dinero efectivo que irá ingresando en cantidades inferiores a diez mil euros. Hacienda no debería notar nada porque el banco no tiene la obligación de notificarlo. Lo mismo ocurre con los envíos de dinero.

Cabe recordar que muchas personas prefieren el transporte de euros que de dólares para poder blanquearlos en otros países. **Mientras que un millón de euros en billetes de quinientos pesan 2,28 kilogramos, la misma cantidad de dólares estadounidenses pesa diez kilos en billetes de cien.** Los ricos utilizan múltiples recursos para ampliar su patrimonio, siendo conscientes de las posibles sanciones a las que se arriesgan. El efectivo es para un rico como las flores para un jardinero.

#LosTrucosDeLosRicos

El dinero efectivo permite a los ricos utilizar su creatividad para poder ocultarlo, gastarlo o seguir creando riqueza. El dinero no es bueno o malo, sino un vehículo para aportar más valor a la sociedad si se usa con inteligencia.

@juanharo

Truco 84

Crean negocios de alta rentabilidad y mínimos gastos

Los ojos de los ricos son como los de un águila: observadores y curiosos, siempre alerta para detectar tendencias en los negocios. Miran los indicadores económicos y los gustos del mercado; cuando lo tienen claro estrechan el círculo buscando negocios de alta rentabilidad, aquellos cuyo coste-beneficio es alto. Podríamos hablar de productos cuyo margen supera el 50 por ciento y en el caso de los servicios de aquellos que aportan un beneficio importante con respecto al tiempo dedicado.

Imaginemos un accesorio nuevo de telefonía móvil que tiene una buena acogida. El siguiente requisito es que el margen de beneficio sea importante; los ricos buscan un retorno grande, que en poco tiempo invertido se obtenga un buen beneficio. Podríamos pensar en servicios como la intermediación inmobiliaria, un despacho de abogados o un departamento financiero que consigue créditos.

Cuando crean negocios, los ricos tienen en cuenta estos nueve importantes aspectos:

1. **Nichos de baja competencia.** Buscan sectores que no estén masificados. No entrarían a montar un restaurante

en una zona plagada de ellos, salvo que tenga algo único o diferente.

2. **Sectores en crecimiento.** Siempre existirán sectores de este tipo frente a aquellos que decrecen o se transforman totalmente, como el de la música a partir de la llegada del *streaming*, o el de la fotografía con las cámaras digitales. Cuando la banca empieza a dar créditos aparece el rico, deseoso de crear negocios paralelos con los que facilitar servicios financieros. Otro sector en crecimiento puede ser el de la formación online, así como las tiendas en línea y el sector turístico.
3. **Pocos o nulos gastos al empezar.** Hay muchos negocios que empiezan sin un euro debido al apalancamiento tecnológico, pero independientemente de ello, la idea de los ricos siempre es empezar en pequeño, pero pensando en grande. Se concentran más en facturar que en tener una macroestructura o importantes gastos fijos o variables. Escuchan al mercado.
4. **Apuestan por el marketing.** Aunque para los ricos todos los departamentos de una empresa son importantes, cuando comienzan un negocio se centran en el marketing para captar rápidamente *leads*, clientes y facturación. La tesorería y el flujo de caja son vitales, ya sea un negocio de productos o de servicios. Sin facturación no hay dinero y sin dinero no hay negocios.
5. **Huir de la guerra de los precios.** Los ricos no buscan pegarse por los precios y prefieren buscar proyectos con un gran beneficio por venta. Si entras en un negocio tendrás que depender de la competencia y adaptar tus precios a los suyos. Por eso se alejan de estos sectores y buscan la diferenciación.
6. **Deuda bancaria baja o nula al empezar.** Recuerda que la deuda buena es la que pagan los clientes adquiriendo el producto o servicio que vendes. Es difícil que un rico se endeude decidiendo empezar un negocio, porque al carecer de clientes tendría que pagar la deuda él mismo. Para evitarlo, prefieren apalancarse cuando la empresa

tiene una importante facturación y pueden apoyarse en los consumidores.

7. **Suben los importes de los productos o servicios.** La mente del rico al crear negocios se enfoca en cómo aumentar el beneficio, y para ello logran acuerdos con *Partners* que ofrecen ventas cruzadas, contenido extra con el producto o servicio a vender o un aumento en la diferenciación para elevar los precios.
8. **Utilizan la creatividad.** Como decíamos en el truco 5, aman los beneficios altos y la diferencia creando productos o servicios únicos. Por ejemplo, La Escuela de Inversión tiene un departamento de negociadores profesionales bancarios que ayudan a que los bancos no les quiten a las personas sus casas o corrijan abusos en cualquier crédito o producto firmado con ellos. Éste es un ejemplo de diferenciación en tiempos de crisis.
9. **Eligen a los mejores profesionales.** Los ricos son conscientes de que al arrancar un negocio necesitan a los mejores; no puedes desear un beneficio mayor con un equipo al que le falte profesionalidad, por eso eligen a expertos en cada campo. La energía, la pasión y la motivación acerca la consecución de las metas.

Recordemos que los ricos están atentos a los cambios de ciclos económicos y de tendencia. Cuando esto ocurre se pasan a otro negocio como sucedió en la época de la construcción y el sector inmobiliario entre 2008 y 2015.

El famoso motivador estadounidense Zig Ziglar decía que «no tienes que ser grande para empezar, pero tienes que empezar para ser grande». El director, guionista y productor de cine Steven Spielberg dirigió su primera película a los dieciséis años, con un presupuesto de quinientos dólares, proyectándose en un cine local donde obtuvo un beneficio de un solo dólar. Está claro que los ricos se tiran a la piscina.

Te invitamos a que leas el artículo «Diez negocios que arrasarán en 2020» en la sección de artículos en la web del libro.

#LosTrucosDeLosRicos

La manera de enfocar un nuevo negocio por parte de un rico es muy distinta de la mayoría de empresarios, ya que utilizan una filosofía muy particular y meditada. Apuntan a su objetivo como si fuesen francotiradores.

@juanharo

Truco 85

Tienen sociedades no residentes

Los ricos mantienen estructuras fiscales nacionales hasta que dan el salto a otros países. El objetivo es minimizar el pago de impuestos y salvar el patrimonio, de esta forma pueden facturar de unas empresas a otras o mover su capital de forma legal entre compañías propias. El control por parte de Hacienda es más complicado al disponer de sociedades en otros países. Las estructuras fiscales son legales y hasta las tienen pymes.

La sociedad no residente es un tipo de entidad que se constituye en países determinados y que no tributan en el lugar de creación, siempre y cuando los beneficios que genere provengan de fuera. Imagina que montas una sociedad no residente en Nevada y que obtienes tus beneficios en Francia. No tributarás en Francia, porque Estados Unidos no es un paraíso fiscal, ni tampoco lo harás en Nevada, porque permite las sociedades no residentes

Ahora ponte en la situación de que constituimos una sociedad no residente en Gran Bretaña que opera en Suiza. Los beneficios se producen en este último país, llegando a Reino Unido. Como para Suiza el Reino Unido no es un paraíso fiscal, no se tributaría.

Algunos países donde puedes abrir sociedades no residentes

son Irlanda, Suiza, Malta, Estonia, Georgia, Uruguay, Escocia y algunas zonas de Estados Unidos como Nevada, Wyoming o Dakota del Sur. Con el tiempo esta lista va cambiando.

Entre las ventajas de crear sociedades no residentes destaca que en algunos países no se requiere ningún capital social ni estar dado de alta como autónomo. El Impuesto de Sociedades es nulo para los beneficios extranjeros y si provienen del mismo país es mucho menor que en España. La declaración del IVA es opcional para las pequeñas empresas, y en muchos lugares existen subvenciones para la constitución de estas sociedades.

Un simple despacho de abogados puede llevarte la contabilidad, los trámites administrativos, el mantenimiento de libros, las cuentas anuales y el estado de los impuestos. Según el país que elijas, estarás dentro de la Unión Europea con un mercado potencial y una imagen impecable. Lo cierto es que a través de las sociedades no residentes es más fácil importar y exportar con menos limitaciones, además de carecer de impuesto sobre dividendos y de la restricción de salida y entrada de divisas. Hay mucha menos burocracia y presión fiscal que en países como España.

En muchas declaraciones se incluye el aviso de renta derivada de los inmuebles a disposición de sus titulares o arrendados. Hacienda impone rentas inmobiliarias aunque las propiedades estén vacías. Imputa unos ingresos como si los espacios estuviesen alquilados. Una injusticia más por la que los ricos terminan montando sociedades en otros países, así es más complicado el control de los activos.

Abrir una sociedad no residente en otro país no es tan complicado como podamos pensar; incluso los costes de creación y mantenimiento son menores que tener una sociedad en España. Y, por supuesto, pagaremos impuestos insignificantes o directamente nulos. Existen muchos mitos y leyendas sobre este tema. Te invito a que veas la pieza de La Sexta «Las claves para abrir una cuenta en Suiza», que encontrarás en la sección de vídeos en la web del libro.

Si te interesa este truco, te recomiendo que te apalanques en profesionales que te aconsejen la mejor elección para la actividad que quieres desarrollar, así como el país que sería más conveniente para ello. La empresa Librestado es una buena opción. Se me viene a la cabeza un momento de la maravillosa película *Cadena perpetua*, protagonizada por Morgan Freeman y Tim Robbins, cuando ambos se plantean cómo crear todo un complejo empresarial sin tener que moverse de casa. Una lección muy interesante.

#LosTrucosDeLosRicos

Ni los Estados ni los países tienen fronteras para los ricos, que creen que el mundo es un lugar perfecto para montar y crear empresas.

@juanharo

Truco 86

Crean sociedades en paraísos fiscales

Las ventajas de tener sociedades fuera de España han sido reflejadas en el truco anterior. Dentro de esta opción, que todo ciudadano tiene, cabe la posibilidad de hacerlo en un país considerado paraíso fiscal. El término equivalente en inglés, *taxheaven,* significa refugio fiscal, lo que supone que una persona física o jurídica puede poner a salvo su patrimonio, minimizar el pago de impuestos y salvaguardar su identidad. En resumen, hablamos de lugares donde no se paga ningún tipo de impuesto.

Los más utilizados se encuentran en Estados Unidos (Nevada, Delaware, Montana, Reno, Dakota del Sur, Wyoming y Nueva York), Liechtenstein, Suiza, Islas Caimán, Hong Kong, Singapur, Alemania, Canadá, Marruecos, Gibraltar, Taiwán, Dubái, Guernsey, Holanda, Italia, Irlanda, Malta, Luxemburgo, Chipre, Bahréin, Islas Marshall, Guam, Samoa, Santa Lucia, Trinidad, Tobago, Bermuda, Republica Dominicana, Isla de Man, Mónaco, Islas Vírgenes británicas, Mauricio, Montserrat, Nieves, Malasia, San Cristóbal...

En el año 2018 se han excluido de la lista a Panamá, Corea del Sur, Emiratos Árabes Unidos, Barbados, Granada, Macao, Mongolia y Túnez. Como pasaba en el truco de sociedades no residentes, la Unión Europea cambia continuamente de parecer.

Con apenas 350.000 habitantes, Islas Caimán cuenta con 580 bancos. En algunos países se permite inscribir compañías con el acrónimo de sociedad anónima, como si fuera una empresa española, para así despistar.

En Liechtenstein el tema es muy opaco, con una figura jurídica denominada Ansalt que consiste en un híbrido entre una sociedad anónima y una fundación sin miembros ni accionistas inscritos en registros. Además, no paga impuestos, sólo una tasa anual del 0,1 por ciento del capital. En el número 1209 de Orange Street en Delaware hay un edificio de una sola planta con un toldo rojo en cuya entrada hay una placa con las iniciales CT escritas. En este lugar hay registradas 6.500 empresas de la talla de The New York Times, Coca-Cola, General Motors, Ford, Kentucky Fried Chicken, Telefónica Finance USA, la empresa española Grifols, Albertis, ACS y un largo etcétera. La razón por la que domicilian aquí es porque se libran de pagar impuestos.

Con 864.000 habitantes, Delaware tiene inscritas 250.000 empresas. Es imposible encontrar algún registro en el que encontrar el nombre de los propietarios de dichos negocios. El secreto financiero es tan estricto que los bancos y las compañías no tienen la obligación de comunicar sus datos ni siquiera a otros Estados de América del Norte.

En Estados Unidos hay 800.000 millones de dólares en patrimonio *offshore*, con un crecimiento anual del 6 por ciento. En Dakota del Sur hay activos asegurados en fideicomisos por valor de 226.000 millones de dólares. Al igual que sucede en cualquier otra jurisdicción *offshore*, **la creación de una empresa en las jurisdicciones de Estados Unidos es un proceso sencillo.** Lo único que necesitas es preparar los documentos requeridos y esperar a que el proceso finalice. Normalmente, en tres días laborales dispondrás de la sociedad. Eso sí, para abrir la cuenta tendrás que desplazarte hasta Delaware.

La petrolera Repsol tiene 38 empresas en paraísos fiscales, frente a las veintidós de Ferrovial. El gigante Inditex cobra todas sus ventas online en Irlanda y tiene su central de compras europeas en Suiza y la de Asia en Hong Kong, paraísos fiscales en ambos casos. La legislación internacional permite que los empresarios creen sus empresas en el país que ellos decidan.

Nuevamente nos encontramos con los medios y el sistema que desea hacernos pensar que tener sociedades en paraísos fiscales es ilegal. Cualquier ciudadano puede fijar su residencia en el país del mundo que decida. **Si solicitas el cambio de residencia fiscal a Hacienda, no tendrías que tributar en España por los ingresos que obtengas.** Puedes tener una o varias sociedades en diferentes paraísos sin que esto sea un delito, siempre que lo declares.

Recuerda que para no figurar como residente fiscal español debes pasar fuera de España un mínimo de 183 días. Aunque no todos lo hacen, existe un tren denominado Eurostar que comunica Londres con París y Bruselas. El rico compra un billete de avión a Londres y se marcha a la capital inglesa en un vuelo que queda inscrito. Una vez allí, coge de nuevo un tren con destino Paris y se vuelve a España sin pasar por aduana. Para Hacienda, él sigue en Londres. Llegado el momento repite la operación a la inversa, regresando en avión desde Inglaterra. Si el fisco pregunta, basta con enseñar los billetes con medio año de diferencia para acreditar la estancia.

Muchas compañías españolas tienen presencia en paraísos fiscales: 33 de las 35 empresas del IBEX 35 tienen oficinas en estos países para no tributar: Repsol, BBVA, Banco Santander y ACS, las que más. Esto es legal. De hecho, cuando se factura a alguna de ellas, Hacienda se queda con un porcentaje.

Podemos distinguir dos tipos de paraísos fiscales: aquellos a los que se desplazan muchos personajes famosos, como Andorra, Mónaco y el municipio italiano Campione d'Italia, y los que utilizan las empresas, como Jersey, Panamá, Islas Caimán, Bermudas, Gibraltar, Reno, Dinamarca y Luxemburgo.

Mónaco es el sitio ideal para los millonarios, mientras que Suiza lleva doscientos años recibiendo dinero de gente que guarda sus ahorros en ese precioso país. Las empresas que apuestan por los fondos de capital riesgo prefieren abrir sus negocios en Islas Caimán, Bahamas y Bermudas, mientras que las compañías de seguros y bancos se decantan por Seychelles, que cuenta con un secreto bancario inquebrantable. Si antiguamente los piratas guardaban sus tesoros en estas islas, cientos de años después muchos lo hacen de forma digital.

Marcas conocidas por todos como PayPal, Pepsi, Ikea y Amazon eligen Luxemburgo, cuyo Gobierno mantiene acuerdos secretos con más de trescientas multinacionales que pagan sólo el 1 por ciento de impuestos. Gibraltar es muy solicitada por las casas de apuestas online, mientras que Liechtenstein se utiliza para crear sociedades pantalla como la que tuvo el crack del fútbol Leo Messi en 2013. El piloto español Alex Crivillé cedió los derechos de imagen a una empresa en un paraíso fiscal en las Islas Vírgenes, ejerciendo de accionista, mientras que el Premio Nobel de Literatura Mario Vargas Llosa administró una empresa con su exmujer en Panamá.

Los mismos bancos ayudan a crearlas, encargándose de mover el dinero y hacer las gestiones pertinentes con la máxima transparencia. Entre las entidades que más actúan como intermediarias entre sus clientes y los despachos de abogados para que los ricos puedan convertirse en personas jurídicas se encuentran BBVA, Banco Santander y Sabadell.

Ahora imagina que tienes una oportunidad de negocio con quinientos portátiles de diseño que deseas comprar en Estados Unidos y vender en España. El beneficio podría superar los 620.000 euros. Planteemos varios supuestos a partir de un personaje ficticio llamado María José, que al ser residente española tributaría cerca del 35 por ciento, lo que supondría un coste de 219.800 euros. Si en cambio lo hiciera en un paraíso fiscal como Mónaco, quedaría exenta de impuestos al proceder sus ingresos del extranjero, con el riesgo de que el fisco pueda entender que dispone de un establecimiento permanente en España, imponiéndole una sanción, además de los 219.800 euros. En el caso de que fuese residente fiscal en Reino Unido, María José tributaría una cantidad fija en torno a las 30.000 libras, siempre que los ingresos vengan del exterior. Si quisiera más tranquilidad, sería una buena decisión crear una sociedad no residente en un país que no fuera un paraíso fiscal.

No olvidemos que España también es un paraíso fiscal, ya

que dependiendo de la Comunidad Autónoma a la que vayas estarás exento de según qué impuestos.

Si deseas saber más, te invito a leer el artículo «Montar una empresa en Malasia: el poco conocido y muy ventajoso paraíso fiscal asiático» y a visualizar el vídeo de La Sexta titulado «Cómo y para qué se monta una sociedad *offshore*», que encontrarás en la web del libro.

#LosTrucosDeLosRicos

Los ricos no se creen todo lo que ven por la tele, saben que la información puede ser manipulada para provocar miedo y confusión. El rico corrobora cada dato con los mejores profesionales.

@juanharo

Truco 87

Hacen negocios entre sí

(crean desequilibrios)

Los ricos se sienten mejor haciendo negocios con personas que comparten sus intereses. Les fascina crear sinergias. Es como si formasen parte de un club al que cualquiera puede pertenecer siempre que cumplan requisitos como trabajar de forma excelente y cumplir con su palabra. Parece sencillo, pero pocos lo consiguen.

Si un rico aporta contactos o hace favores y el otro no paga con la misma moneda, aparece el concepto de desigualdad. Cuando existen desequilibrios uno tiende a tratar de volver a equilibrar la situación: si un proveedor tiene múltiples atenciones con una empresa, al final la empresa premiará estas actuaciones renovando los contratos. Todo vuelve a equilibrarse. Los ricos conocen este truco y lo practican mucho: por este motivo lo primero que hacen es dar y dar. **Generan un desequilibrio a su favor para que finalmente la otra parte termine aportándote mucho más, generando negocios y nuevas relaciones.**

Recuerda que la agenda de un rico es clave. Las relaciones no se construyen solas, sino a partir de la solución de problemas ajenos. De esos movimientos surgen las conexiones y los vínculos emocionales que dan pie a los mejores proyectos; a partir del sentido común y la gratitud nos enriquecemos unos a otros.

Cuentan que el expresidente de Estados Unidos Abraham Lincoln iba por la calle y se le acercó un hombre para venderle un barril de madera. Él se lo compró por pena, pensando que dentro no habría nada, pero descubrió que estaba repleto de libros de Derecho. Esta anécdota le empujó a convertirse la figura referente que fue, marcando un antes y un después en la vida de millones de personas. La moraleja es que nunca sabemos lo que nos depara la vida. Los mejores negocios vienen precedidos de actos de generosidad y suerte.

#LosTrucosDeLosRicos

Las relaciones, desequilibrios y resolución de problemas fomentan la creación de los grandes negocios desde el origen de los tiempos.

@juanharo

Truco 88

Acuden a subastas

(para comprar más barato)

Comprar barato para vender más caro es algo que fascina a los ricos. **Cuando hablamos de una subasta lo hacemos de un procedimiento de venta organizado en el que los interesados compiten para adjudicarse un bien o servicio.** Son procesos que siguen un conjunto de reglas que determinan la forma en la que los demandantes interactúan con el fin de adquirir lo subastado. Durante su celebración, lo habitual es que los demandantes ofrezcan sumas de dinero que se comparan con las del resto de compradores para determinar un ganador.

Hay varios tipos de subasta: la **inglesa o ascendente** es aquélla en la que los compradores ofrecen sumas crecientes hasta que el dueño de la oferta más alta se adjudica el bien. Si hablamos de **holandesa o descendente** lo hacemos de una fórmula que parte de un precio que va bajando hasta que alguno de los asistentes acepta el coste. En tercer lugar, estarían las **subastas españolas,** que establecen un mínimo desconocido por los licitadores. Y, por último, aquellas en las que los participantes entregan su oferta en un **sobre cerrado.** El mayor precio se hace con el bien.

Los ricos disfrutan comprando barato, y hay que reconocer que las subastas son un buen lugar para hacerse con buenos productos a precios ventajosos. Debemos discernir entre profesionales y aficionados o inversores. Los primeros conocen las reglas y saben cuándo pujar o quedarse en silencio; se saben todas las triquiñuelas hasta en las subastas judiciales y suelen salir ganando. Por eso se fijan en ellos los ricos, trayendo de nuevo al caso el concepto de apalancamiento. Así consiguen las mejores compras.

Imagina que tienes la fortuna de conocer al marchante de arte que adquiere las obras de un pintor antes que nadie. El creador trabaja desde su hogar y por encargo, vendiendo su catálogo a este intermediario; si accedes a él, podrás tener acceso preferente a las piezas antes de que salgan al mercado... y a mejores precios. De eso se trata, de comprar antes de que los bienes salgan al mercado, ya sean inmuebles, coches u obras de arte. Si son adquiridos a través de profesionales de las subastas, la ventaja será evidente. Si no eres un profesional de estas operaciones podrías dar pasos en falso.

Tampoco descartes las subastas online, donde encontrarás mayor comodidad y podrás comparar productos y pujar sin presión. Sobre adquirir inmuebles en subastas, cabe destacar la siguiente declaración de la presidenta del Centro Casas Subastas, Belkys Pino: «Uno de los principales beneficios de comprar una propiedad en una subasta es que, además de que el participante puede realizar un cierre rápido, tiene la oportunidad de ahorrar y comprar un inmueble por debajo del precio de mercado, asegurándose el poder recuperar su dinero rápidamente, así como un mayor rendimiento de su inversión. Además de contar con una amplia selección de inmuebles donde elegir, cada uno decide cuánto ofrece».

Si deseas saber más sobre las subastas de inmuebles, accede al texto llamado «Doce cosas que debes saber si vas a la subasta de pisos» que encontrarás en la web del libro.

#LosTrucosDeLosRicos

El rico siempre está donde hay negocio, buenos precios y oportunidades constantes.

@juanharo

Truco 89

Trabajan la visión

El famoso productor, director y guionista Walt Disney falleció a los sesenta y cinco años, en diciembre de 1966, por un cáncer de pulmón. Fue su hermano, Roy Oliver, quien sacó adelante la factoría de animación más famosa del mundo, inaugurando un tiempo después el parque temático de Orlando, Disney World. El día de la apertura, un periodista se acercó al hermano de Walt y le dio sus condolencias por el hecho de que éste no pudiese ver el parque, algo a lo que Roy respondió diciendo que si en ese instante estaban allí era porque, muchos años atrás, su hermano lo había imaginado en su cabeza. En eso consiste la visión, en ejecutar un plan que previamente se ha imaginado con todo lujo de detalles.

El *coach* Fernando Moreno tiene un libro que lo explica maravillosamente bien titulado *La mente del emprendedor*. En él afirma que «la verdadera riqueza para un emprendedor moderno está más relacionada con la calidad de vida que le financia su empresa que con el dinero en sí». Moreno habla de los cimientos que toda empresa debe tener como base, distinguiendo visión, sistemas y equipo. De los tres, el elemento más relevante es el primero, ya que indica el camino a través del que se construyen sistemas para que la empresa funcione con un equipo motivado.

La visión empresarial es el paso previo de todo negocio, englobando las metas y propósitos que se marca una compañía y lo que se espera conseguir en pocos años. Prever su crecimiento es visualizar la empresa como quieres que sea, creando antes en la mente que en el mundo real. La visión y la intuición están íntimamente relacionadas; se trata de leer las señales que la vida te va poniendo delante y decidir si lo que vas a hacer tiene sentido para ti. Por eso es tan importante pararte a pensar y diseñar estrategias, dándole su espacio a este elemento.

Las preguntas que un rico se debe hacer para desarrollar la visión de cualquier posible negocio son qué quieres crear, para qué hacerlo, qué aportarás a la sociedad, qué valores transmitiremos, cuál quiero que sea su tamaño, qué problemas voy a solucionar o cómo voy a mejorar la vida de mis clientes, cómo imagino la empresa dentro de tres años y con qué equipo humano, qué te dice la intuición y, por último, en qué soy realmente bueno.

Desafortunadamente, el poder de la intuición no se tiene en cuenta en el sistema educativo. Los ricos saben que cuánto más desarrollada esté la visión de un negocio, más sencillo será llegar al destino. Si la visión es borrosa, los resultados también lo serán. La intuición rara vez se equivoca y conversa contigo cada día, pero no nos paramos a escucharla. Claro que los números y las cifras son importantes, pero igual que la visualización del logro genera una ventaja al deportista, una visión de lo que se quiere crear es esencial para el empresario. Sin ella es mejor no mover un dedo.

La visión nos permite alcanzar metas mayores, como una fuerza que nos empuja hacia adelante. Sin visión no hay motivo ni fuerza, dirección o motivación. La necesitamos como una hoja de ruta que seguir para hacer realidad lo que queremos construir.

Imagina que pides un taxi y le dices al conductor que te lleve a un sitio mejor que en el que estás. Seguramente el hombre se quedaría con cara de acelga y te volvería a preguntar el destino. Lo mismo ocurre con la visión: necesitas saber el destino, visualizarlo. Entre los beneficios de este elemento están la dirección, la claridad, la fuerza y el disfrute.

Hay un *podcast* que profundiza sobre este tema, cuyo título es «En la mente del emprendedor», que podrás escuchar en la sección de audios en la web del libro.

El dueño del gigante de las ventas online Amazon, Jeff Bezos, tuvo clara la visión de la empresa. Prueba de ello es que en 1994 empezó llevando paquetes de Correos en su furgoneta. Como necesitaba dinero para sacar su proyecto adelante, se reunió con sesenta inversores, convenciendo a una veintena, que aportaron cincuenta mil dólares (cada uno) a cambio de un 20 por ciento de la empresa.

#LosTrucosDeLosRicos

Decía el escritor irlandés Jonathan Swift que «visión es el arte de ver las cosas invisibles». Los ricos utilizan y potencian la visión en sus negocios. Sin ella no habría nada.

@juanharo

Truco 90

Utilizan robots de *trading*

(operan en Bolsa)

Ya hemos visto que los ricos apuestan por diferentes familias de inversión. Dentro de la Bolsa hay infinidad de posibilidades y mercados. Gracias a la tecnología, hoy día puede operar en ella cualquier persona desde casa y con capitales ridículos. Todo está diseñado para que el aficionado pierda, por lo que hay que tener conocimiento, contratarlo o apalancarte en los que saben. Otra alternativa que utilizan los ricos son los **robots de *trading*, máquinas que compran y venden en los mercados financieros sin que tú tengas que preocuparte.**

No tienen nómina ni se ponen enfermos. Es un software que ejecuta de manera automática una estrategia de *trading* para comprar y vender, evitando el trabajo que conlleva estudiar el mercado y ejecutar la compraventa. El robot puede analizar millones de datos en cuestión de segundos, recopilando toda la información necesaria del mercado financiero en el que está operando. Una vez que se cumple el algoritmo programado, ejecuta una orden.

La inteligencia artificial se va haciendo un hueco, con asistentes virtuales o *chatbox* que contestan preguntas como si fuesen personas; cada vez más puestos de trabajo están siendo sustituidos por máquinas. Aunque asuste, esta tendencia nos puede servir para ganar dinero si seguimos el plan de los ricos: empezar en pequeño y hacerlo de forma controlada con el consejo de profesionales.

Un robot de *trading* puede costar quinientos dólares al año, aunque los encontrarás de todo tipo de precios. Si lo tienes constantemente en marcha y con un capital controlado, ganarás dinero. Y aunque haya algunas pérdidas, te librarás de analizar el mercado. En tu móvil puedes ver las operaciones que realiza mientras ves una película o das un largo paseo. Por si quieres investigar, un ejemplo de robot es Crypto World Evolution.

También existe el ***social trading***, una estrategia mediante la que se puede imitar las operaciones en Bolsa que lleva a cabo un experto; puedes preasignar un capital y dejar que la tecnología haga el resto. Lógicamente, el inversor al que estás replicando cobra una parte de los beneficios. ¡Es otra vía para hacer dinero!

Hay robots que sólo cierran los procesos cuando ganan. Es decir, abren muchas operaciones con poco capital y esperan a que exista una mínima rentabilidad para dar el paso; pueden tardar minutos, días o semanas. A los ricos les encantan los ingresos automáticos o pasivos.

Entre las ventajas de utilizar un robot de *trading* está el hecho de ahorrar mucho tiempo, evitándote monitorizar en busca de oportunidades de inversión. Él lo hará por ti las veinticuatro horas del día en mercados como el Forex o algunos que cotizan todos los días del año, como el de las criptomonedas. La diferencia de hora entre países hace que el mayor volumen de negociación del yen o del dólar australiano sea diferente al del euro, algo fácil de solventar con una máquina que no necesita dormir. Su falta de sentimientos nos ahorra las consecuencias de la impulsividad, además de que ejecuta las órdenes a una velocidad mucho mayor que un ser humano.

Sin embargo, los robots tampoco son la panacea y necesitan **una estrategia consistente, una buena gestión monetaria y supervisión.** Los ricos no creen en el dinero caído del cielo, pero saben que para crecer necesitan fuentes de ingresos automáticas. Por eso investigan, curiosean y experimentan. Antes de pasar al siguiente truco, una frase del *trader* y escritor Alberto Chan: «Todo el mundo gana dinero trabajando, pero pocos lo hacen mientras duermen».

#LosTrucosDeLosRicos

La vida no deja de sorprendernos: en el siglo XXI hasta es posible ganar dinero con robots que operan por nosotros mientras estamos durmiendo. Aunque también podemos perder el dinero, la clave se encuentra en el inversor, no en la inversión.

@juanharo

Truco 91

Crean fundaciones

Una fundación no tiene dueños ni socios y está gobernada por un patronato. Hablamos de un tipo de persona jurídica que, en España, debe perseguir un fin de interés general determinado por su fundador, además de beneficiar a colectivos genéricos y aplicar su patrimonio y recursos al cumplimiento de sus fines sin ánimo de lucro, por lo que reinvierte los beneficios que pudiera obtener en su fin fundacional. Ésa es, al menos, la teoría.

Un tipo de fundación lo conforman las empresas que buscan su desarrollo social, además de un buen marketing, así como el empresario que quiere mantener unido un patrimonio ante el posible reparto o venta de sus herederos. También las hay que recaudan fondos para organizar un evento o congreso anual y quienes deciden ayudar en países en vías de desarrollo con voluntarios, medios o instalaciones. Todos estos casos tienen en las fundaciones su mejor traje jurídico, con **ventajas fiscales para los donantes y la exención de impuestos en sus rentas.**

Una fundación es la herramienta más útil para captar fondos públicos y privados, aportando la máxima solidez al proyecto. Además de ser ágiles y flexibles, están vinculadas a la sociedad, a la que aportan un mayor servicio por los beneficios fiscales de los que goza. Es una entidad menos agresiva que una sociedad mercantil por el carácter social de los fines; tiene más prestigio.

La realidad es que el atractivo de crear una fundación es el disfrute de un buen marco fiscal, además de una mejora de la imagen pública y una forma de retiro para muchos altos ejecutivos. **En España hay entre seis mil y siete mil fundaciones que pagan, como mucho, el 10 por ciento del Impuesto de Sociedades** y reciben ingresos como donativos y subvenciones, con actividades sociales que les aportan beneficios. También pueden alquilar los inmuebles que poseen y las rentas que reciben sin tributar.

Los patronos de una fundación, al igual que los socios de otro tipo de entidades, no cobran por su trabajo en ella, pero al margen de su tarea como gestores pueden prestar servicios por los que sí ganan dinero. Por otra parte, la fundación es libre a la hora de contratar y pagar a su personal.

En España cualquiera puede crear una fundación sin que se cuestione si será de interés general o no, ya que se suele pensar que nacen con la intención de promover la cultura o la ayuda a los más necesitados, autorizándose una vez que se presenten los estatutos y se paguen las tasas. Las donaciones aportadas desgravan un 25 por ciento, convirtiéndose esto en un motivo en sí para crear las fundaciones. Los directivos pueden cobrar sueldos millonarios que camuflan como prestación de servicios, así es como cobran muchos empresarios o directivos a punto de jubilarse.

La legislación española obliga a las fundaciones a reinvertir en su propio patrimonio todo el dinero que obtengan y no necesiten. ¿Cómo extraemos entonces el dinero? Lo primero, con sueldos elevados. Después, creando una empresa a la que la fundación pague facturas por servicios prestados. Un mecanismo sencillo y legal que se utiliza más de lo que pensamos. La fundación no tiene ánimo de lucro, pero la empresa que he adquirido sí, ya sea ésta una empresa de limpieza, de cursos o un despacho de abogados.

Una vez más vemos cómo el rico utiliza el sistema en su propio beneficio, buscando los recovecos legales necesarios para poder conseguir más por menos. Una de las claves está en el conocimiento: la ignorancia nos lleva a una vida carente de riqueza que nos impide crearnos una opinión y nos condiciona a la hora de tomar cualquier decisión. Según el inversor y empresario Warren Buffett, «de los billonarios que he conocido, el dinero sólo resalta sus rasgos básicos. Si eran idiotas antes de tener dinero, ahora son idiotas con un billón de dólares».

#LosTrucosDeLosRicos

Vivimos una época plagada de puertas que nos abren mundos llenos de posibilidades. Los ricos se enfocan en llamar y ver el interior de cada una de ellas para comprobar si les sirven. Si no es así, siguen abriendo puertas hasta encontrar lo que necesitan.

@juanharo

Truco 92

Utilizan una filosofía muy particular

Los ricos lo son por su filosofía de vida, su modo de ver las cosas y las cualidades que han ido trabajando a lo largo de los años. En el libro nos hemos centrado en un pequeño círculo de ricos, pero hay otros que no cumplen con el perfil definido y a los que les gusta hacerse notar. Posiblemente sólo sean ricos en lo que se refiere al capital. Los que a nosotros nos interesan lo son en conocimiento, picaresca inteligente, audacia y privacidad.

En este último truco vamos a recopilar doce actitudes que fomentan su filosofía de vida:

1. **Prefieren pensar que actuar.** Son estrategas por naturaleza y no dejan de preguntarse por qué y para qué.
2. **Les gusta más la privacidad y el anonimato que aparentar.**
3. **Dirigen empresas en la sombra:** son cabezas pensantes. No suelen estar contratados, son consejeros delegados o forman parte de muchos proyectos como pequeños accionistas.
4. **Estudian los números y las tendencias micro y macroeconómicas.**

5. **Huyen del sistema educativo establecido.** Buscan una formación basada en la riqueza social, económica y financiera en la que no existan las limitaciones. Prefieren premiar el aprendizaje, la acción y el coraje que la memorización. No se trata de aprender más, sino mejor.
6. **No ven las noticias** porque saben que una buena parte de la información ha sido manipulada.
7. **Escuchan al mercado** antes de aumentar sus compañías.
8. **No temen el fracaso** porque es parte de la vida.
9. **En múltiples pólizas de seguros ponen como beneficiarios a empresas propias para tributar menos.**
10. **Seleccionan bien a sus amistades, *partners* y socios.**
11. **No dejan de aprender y experimentar,** amando por igual la acción y el conocimiento.
12. **Viven la vida.** No la desperdician acumulando empresas, reconocimiento y éxitos. Adoran el equilibrio.

Conscientes de todos los escenarios, la vida de los ricos está llena de retos que superar. No les verás quejarse, sino analizar lo que ocurre, trazar un plan de acción y ejecutarlo. Aman las hojas de ruta, desconocen la ansiedad y disfrutan del camino; conocen tanto los aciertos como las derrotas y de todo extraen valiosas lecciones; saben que el éxito y el fracaso son dos impostores a los que tratar con desdén. No pueden morir sin intentarlo.

Cada año que cumplen lo llenan de proyectos, acciones y sueños que cumplir. Tienen libros nuevos con hojas en blanco que llenan construyendo fuentes de ingresos, solucionando problemas y contribuyendo a hacer un mundo mejor. Son prácticos, observadores y preguntones. Gracias a todo lo anterior, consiguen ver el mundo de otra forma y aprenden cada día. Decía Lincoln que «al final, lo que importa no son los años de vida, sino la vida de los años».

#LosTrucosDeLosRicos

La filosofía del rico le hace genuino. No es ni la suerte ni la casualidad, sino su forma de ver la vida, los negocios y el dinero; así consiguen éxitos inimaginables. Saben que se pierde más por miedo que por intentar crear algo que aporte valor al mundo.

@juanharo

Epílogo

Cinco valiosas lecciones

Uno de los lemas de los ricos es **«no eres lo que logras, sino lo que superas».** Ahora que llegamos al final del libro, resuena en mi cabeza lo que mi amiga, excelente comunicadora y escritora del *Método Bravo*, Mónica Galán, repite siempre: «si eres uno más, eres uno menos». Los ricos lo saben; no puedes permitirte ser uno más, hay que ser parte de una minoría para llegar más lejos y diferenciarse en un mundo que intenta convertirnos en parte de la masa. El ser humano es único por naturaleza.

Estos trucos los he ido aprendiendo a lo largo de mi vida, transformando mi mundo y la imagen que tenía de él. **Me han servido para reinventarme y poder crecer en todos los aspectos,** y ahora deseo que te ayuden a ti, volviéndote la mejor versión de ti mismo. Porque de eso va la vida, de ser mejores personas para ayudar al prójimo y mejores profesionales para hacer de este mundo un lugar mejor.

No te dejes engañar por lo que la gente piensa de los ricos, existen muchos tipos y a ti te toca decidir con quién quieres estar y de quién quieres aprender para conseguir tus retos, sueños y objetivos; en el libro te he presentado 92 herramientas para ello. No olvides jamás esta frase del famoso escritor Mark Twain: «No es lo que no sabes lo que te mete en problemas, sino aquello que tú sabes con certeza, pero que no era tan verdadero».

Ahora que conoces los trucos de los ricos seguro que encontrarás valiosas ideas, estrategias o herramientas para tirar del hilo y profundizar en los que consideres prioritarios. Si es así, me sentiré halagado y feliz de haber contribuido a abrir tu mente. Eso me ocurrió a mí cuando los descubrí y se abrió un mundo nuevo delante de mí, logré entender muchas cosas que antes eran un misterio.

Te comparto, antes de despedirme, cinco valiosas lecciones:

1. Soluciona problemas, pasa a la acción, sube montañas y supera retos. Todo eso te hace más rico.
2. La inteligencia y el conocimiento te permitirán ser libre para poder destinar tu tiempo a cosas que te resulten más interesantes que estar trabajando constantemente con el objetivo de pagar facturas.
3. Elige bien a la gente que forma parte de tu vida: es importante seleccionar bien a tus socios, maestros y las personas con las que interactúas.
4. Protege tu patrimonio para evitar que nadie te lo arrebate y paga menos impuestos de forma legal para contribuir a hacer más rica la vida de la gente que te rodea y a ser más libre.
5. Piensa que el dinero mide a cuántas personas estás ayudando, es un fiel reflejo de la cantidad de valor que estás aportando. Más valor e equivalente a más ayuda a más personas lo que significa más cantidad de dinero. Por tanto, si te llega más dinero a tu economía financiera es porque estás aportando más calidad de vida y solucionando problemas a muchas más personas.

***Bonus track*: ser buena persona y empatizar con la gente produce los mejores resultados. Sé siempre agradecido.**

Me encantaría conocer las tres lecciones que sacas de este libro. Para que pueda leerlas y conocerlas, busca el ejercicio «Mis tres valiosas lecciones» en la sección de ejercicios en la web del libro. ¡Estaré encantado de recibirlas! Puedes dejar tu nombre o hacerlo de forma anónima.

Uno de los culpables de que este libro vea la luz es el fundador de la empresa 8 Belts y autor de varios libros de éxito, Anxo Pérez. Su ánimo y constante ayuda han calado en mí, dándome fuerzas para continuar. ¡Gracias, Anxo! Te dejo con dos mensajes suyos que aparecen en su bestseller *La inteligencia del éxito*: «Transformar tu mente no es cambiar el mundo que ves, sino cambiar el prisma con el que lo miras» y «ten muchos momentos: atrévete en tu vida».

Por último, soy un apasionado de las historias con moraleja y deseo acabar con una que te haga reflexionar.

Las tres lecciones de mi padre

Un día, mi padre cocinó dos tazones de fideos y los puso sobre la mesa, un plato tenía un huevo encima y el otro no. Él dijo: «Hijo mío, tú eliges. ¿Qué tazón quieres?». ¡Los huevos eran difíciles de encontrar por aquel entonces! Sólo podíamos comerlos durante las fiestas o el año nuevo, así que elegí el que sí tenía; cuando empezamos a comer yo me sentía orgulloso de mi sabia elección.

Entonces, para mi sorpresa, cuando mi padre se comió sus fideos, aparecieron dos huevos en el fondo de su plato. Lo sentí y me regañé por haber sido demasiado apresurado en mi decisión. Mi padre sonrió y me dijo triste: «Hijo mío, debes recordar que lo que ven tus ojos puede no ser cierto. Si quieres aprovecharte de las personas, perderás».

Al día siguiente, mi padre cocinó de nuevo dos tazones de fideos: un cuenco con un huevo encima y el otro sin él. Una vez más, puso ambos cuencos sobre la mesa y me dijo: «Hijo mío, tú eliges. ¿Qué tazón prefieres?».

Esta vez fui más inteligente, elegí el bol sin huevo encima. Para mi sorpresa, cuando separé los fideos en la parte superior, no encontré un solo huevo. Una vez más, mi padre sonrió y me dijo: «Hijo mío, no siempre debes confiar en las experiencias, porque a veces la vida puede hacer trucos contigo. Pero no debes preocuparte demasiado o estar triste, sólo interiorízalo como una lección que no se aprende en los libros de texto».

El tercer día, mi padre cocinó de nuevo dos tazones de fideos. Puso ambos cuencos sobre la mesa y nuevamente me dijo: «Hijo mío, tú eliges. ¿Qué tazón quieres?». Esta vez, supe qué decir: «Papá, tú eliges primero. Tú eres el jefe de la familia y contribuyes más». Mi padre no se negó y eligió el cuenco con un huevo encima. Mientras comía mi cuenco de fideos, imaginé que no había ningún huevo dentro del cuenco, pero para mi sorpresa, encontré dos huevos en el fondo. Mi padre me sonrió con amor en los ojos: «Hijo mío, debes recordar que cuando piensas en el bien de los demás las cosas buenas acaban llegando».

Siempre recuerdo esas frases de mi padre; viví y trabajé de acuerdo con eso. Y, es cierto, mi negocio ha sido un éxito rotundo.

XI JINPING,
presidente de la República de China

Leer un libro es como viajar con alguien especial en un largo trayecto de tren: descubres nuevos mundos. Gracias por llegar hasta aquí y ojalá pongas en práctica el mayor número de trucos de los ricos para que tu vida sea lo mejor posible. Te deseo grandes éxitos y riqueza. ¿Te animas a un examen virtual online? Si quieres realizar un test para evaluar si lo que has leído ha calado en ti, entra en la web del libro, donde te esperan multitud de recursos aplicables a todo lo explicado.

Agradecimientos

A mis hijos Daniel y Sara, por ser diferentes y grandes personas.

A mi mujer Belén Fernández, por su fortaleza, profesionalidad, intuición y amor continuo.

A mis hermanas Mar y Susana, por su paz, cariño y tenacidad.

A mi perro *Coco*, por sus lecciones, infinita paz y amor.

A mi familia, por su apoyo en momentos más y menos alegres.

A mi gran y añorada abuela Mina, por cuidar de mí cuando vivía y ahora desde el cielo.

A mi equipo profesional, que siempre me inspira y me ayuda a ser mejor: Rubén Iglesias, Raúl Loro, Juan José Iglesias, Teresa Flores, Raúl Herrero, Graci M. Molina...

A Alma Digital y a su consejero delegado Rubén Martín, por sus valiosas ideas de marketing, por cuidar y mimar la marca personal y por ser sobre todo un gran ser humano.

A la Directora de Logística Magdalena Rodríguez, por su excelencia en el trabajo y en cada tarea.

Al escritor, orador y fundador del Máster de Emprendedores Sergio Fernández, porque hace años me dijo «Juan, tienes que escribir un libro». Perdona que no te hiciera caso en ese momento, pero la vida da múltiples oportunidades. Gracias amigo.

A Anxo Pérez y Virginia Rodríguez por vuestro aliento y ayuda constante para que este libro saliese a la luz. Gracias de corazón.

A los maestros de los que aprendí éstos y muchos más trucos: Vicens Castellano, Nessi Ordoñez, Fernando Moreno, Javier Bartolomé, Natividad Pérez, Justo Briegas, Adrián Bernabéu, Kino Bernabéu, Juan José Carmona, Wally Vega, Juan Carlos Mela, José Manuel Torres, Claudia Chackelson, Natalia Getino, Iker Irureta, Enrique Ruz, Ignacio Castillo, Ruth Morales Bueno, David Molina Vázquez, José Manuel Pérez, José Antonio Bartolomé, Israel Capel, José María Trigueros, Cristóbal Medina, Jaime Hernández, Andrés Martín, Jesús Manuel Esteban, Álvaro Enríquez, Wayne Brabender, Gonzalo García, Federico Sánchez, Norberto Navarro, José Martín y Jezabel, Iván Hernández, José Antonio García, Víctor González, Ventura Trigo, José Luis Rabadán, Curro Avalos, Mónica Galán, Pier Luca Bueno, Ernesto González, Jorge Carrasco, María Blanco, Susana Rodríguez...

A Roger Domingo y a Planeta, por confiar en mí y publicar este libro.

Y gracias a todas las personas con las que me he ido encontrando en la vida, porque de cada una de ellas he aprendido algo.

Si deseas conocer nuevos trucos de los ricos, compartir experiencias con otros lectores te anunciamos que cada año impartimos un seminario presencial. Más información en www.lostrucosdelosricos.com

Recuerda que encontrarás más material extra para descargar (audios, vídeos, artículos y ejercicios) en:

www.lostrucosdelosricos.com

www.juanharo.com

Otros libros del autor en Booket: